Nomos Universitätsschriften

Recht

Band 1016

Heiko Meiertöns

Landesverfassungs-schutzgesetze

Zusammenfassende Übersicht
und Rechtsvergleich

Nomos

Onlineversion
Nomos eLibrary

Die Deutsche Nationalbibliothek verzeichnet diese Publikation in der Deutschen Nationalbibliografie; detaillierte bibliografische Daten sind im Internet über http://dnb.d-nb.de abrufbar.

ISBN 978-3-7560-0636-6 (Print)
ISBN 978-3-7489-4266-5 (ePDF)

1. Auflage 2023

Vorwort

Das Grundsatzurteil des Bundesverfassungsgerichts aus dem April 2022 zum bayerischen Landesverfassungsschutzgesetz verlangt aufgrund zahlreicher gesetzgeberischer Schwächen eine **grundlegende rechtliche Neuordnung der Inlandsaufklärung.** [1] Die Beanstandungen betreffen Fragen der Eingriffsstruktur, Regelungstechnik, Bestimmtheit und Angemessenheit. Ebenso wie die Entscheidung des BVerfG zur Ausland-Ausland-Fernmeldeaufklärung des BND eine Grundsatzentscheidung für die Auslandsaufklärung ist,[2] hat diese Entscheidung eine Grundsatzfunktion für die Inlandsaufklärung.[3] Eine Bund-Länder Arbeitsgruppe war damit befasst, den bestehenden Gesetzgebungsbedarf zu identifizieren.[4] Das Land Bayern hat entsprechende Gesetzesänderungen auf den Weg gebracht, [5] ebenso das Land Hessen.[6]

Inlandsaufklärung in Deutschland ist mit einem Bundesamt und sechzehn Landesämtern föderal organisiert.[7] Daraus folgt zwangsläufig, dass es sich

---

1 *BVerfG*, Urt. v. 26.04.2022, Az. 1 BvR 1619/17 =NJW 2022, 1583; dazu: *Gärditz*, GSZ 2022, 161-170; *Löffelmann*, JR 2022, 433-441; *Meiertöns*, JBÖS 2022/2023, S. 533-546.; außerdem: *BVerfG*, Beschl. v. 28.09.2022 - 1 BvR 2354/13 zur Verfassungswidrigkeit der Übermittlungsvorschriften des BVerfSchG.

2 BVerfGE 154,152; *BVerfG* Urt. v. 19.5.2020, Az. 1 BvR 2835/17, Anm. *Dietrich*, GSZ 2020, 173-181; dazu: *Aust*, DÖV 2020, 715-724; *Ader* in: HdB SicherheitsR, § 19 Rn. 48 ff.

3 So auch *Gärditz*: *Konturen eines allgemeinen Nachrichtendienstverfassungsrechts*, *VerfBlog*, 2022/5/02, https://verfassungsblog.de/konturen-eines-allgemeinen-nachrichtendienstverfassungsrechts/, DOI: 10.17176/20220502-182201-0.

4 Bund-Länder-AG zur Auswertung des Urteils des Bundesverfassungsgerichts v. 26.4.2022 - 1 BvR 1619/17 – (BayVSG) Abschlussbericht v. 21.6.2022.

5 Bay.LT-Drs.18/21537 v. 2.3.2022 und Änderungsantrag zum Gesetzentwurf der Staatsregierung zur Änderung des Bayerischen Verfassungsschutzgesetzes und des Bayerischen Datenschutzgesetzes (Drs. 18/21537) v. 13.12.2022. Zudem existiert ein vollständiger Neufassungsentwurf der SPD-Landtagsfraktion: Diskussionsentwurf der BayernSPD-Landtagsfraktion v. 22.08.2022. Sachverständigenanhörungen fanden am 25.3.2023 statt.

6 Hess.LT-Drs. 20/8129 v. 20.3.2023 und 20/10821 v. 21.03.2023. Sachverständigenanhörungen fanden am 4.5.2023 statt (Ausschussvorlage INA 20/73).

7 Grds. dazu: *Dietrich*, Verfassungsschutz in der föderalen Ordnung, in: Engelhart/Kudlich/Vogel (Hrsg.), Digitalisierung, Globalisierung und Risikoprävention, FS Sieber, 2021, S. 922-942.

bei **siebzehn verschiedenen Gesetzgebern im Bereich des Rechts der Nachrichtendienste** auf Bundes- und Landesebene um eine hoch dynamische Materie handelt. Eine Erfassung und Vergleichung dieser Gesetze hat daher stets ein wenig den Charakter einer Sisyphusarbeit – kaum ist eine Regelung umfassend zwischen den Bundesländern verglichen, so erfolgt sicherlich in einem der 16 Länder eine Gesetzesänderung oder es ändert sich der bundesgesetzliche Rechtsrahmen.[8]

Vor diesem Hintergrund stellt sich bereits die Frage nach der Sinnhaftigkeit einer synoptischen Darstellung und Vergleichung. Im Vergleich zu artverwandten Materien, wie dem Polizei- und Ordnungsrecht, sind im Recht der Nachrichtendienste erst allmählich Ansätze einer Dogmatik erkennbar. Eine synoptische Erfassung und ein Vergleich ermöglichen hier ein **besseres Verständnis der Regelungsgegenstände und Systematisierungsansätze.** Rechtssetzung hat insofern auch immer etwas Gewillkürtes, wo mehr als ein Ansatz (methodisch und inhaltlich) zur Regelung eines Lebenssachverhalts möglich ist.[9]

Der hier gewählte Ausgangspunkt ist eine **funktionale Rechtsvergleichung**, wonach nur Recht vergleichbar ist, das dieselbe Funktion erfüllt. Die hohe Regelungsdichte des Rechts der Nachrichtendienste macht es möglich, die zu vergleichenden Funktionen sehr kleinteilig zu wählen. Im Vordergrund steht dabei vorrangig aber nicht eine möglichst detailgenaue Vergleichung, sondern ein **Vergleich der Regelungstechniken.**

Die vorliegende Darstellung soll der interessierten Praxis und Wissenschaft einen **schnelleren, konzentrierten Zugriff** auf die Regelungsmaterien und ihren jeweiligen landesrechtlichen Standort (*sedes materiae*) im Sinne eines Fundstellenverzeichnisses ermöglichen. Zu diesem Zweck erfolgt in dieser Bearbeitung eine **vergleichende Gesamtschau** der Landesverfassungsschutzgesetze.

Berlin, im Juni 2023 Heiko Meiertöns

8 Zuletzt: 19. Dezember 2022 (BGBl. I S. 2632)

9 *E. Kaufmann*, Die Grenzen der Verfassungsgerichtsbarkeit, VVDStL 1952, S. 1-16 insb. S. 10 ff.

Inhaltsverzeichnis

Abkürzungsverzeichnis

a.F.	-	alte Fassung
AG G10	-	Ausführungsgesetz zum Art. 10 Gesetz
AO	-	Abgabenordnung
AöR	-	Archiv des öffentlichen Rechts
Art.	-	Artikel
BAMAD	-	Bundesamt für den militärischen Abschirmdienst
Bay	-	Bayern
BayRS	-	Bayerische Rechtssammlung
BayVbl.	-	Bayerische Verwaltungsblätter
BayVSG	-	Bayerisches Landesverfassungsschutzgesetz[10]
Bbg	-	Brandenburg
BbgVerf	-	Verfassung des Landes Brandenburg
BbgVerfSchG	-	Brandenburgisches Landesverfassungsschutzgesetz
BDSG	-	Bundesdatenschutzgesetz
BfV	-	Bundesamt für Verfassungsschutz
BHO	-	Bundeshaushaltsordnung
BKA	-	Bundeskriminalamt
BKAG	-	Gesetz über das Bundeskriminalamt
Bln	-	Berlin
BLKR	-	Bund Länder Kommission Rechtsterrorismus
BMI	-	Bundesministerium des Inneren
BND	-	Bundesnachrichtendienst
BNDG	-	Bundesnachrichtendienstgesetz
BPolG	-	Bundespolizeigesetz
Brem	-	Bremen
BremVerfSchG	-	Bremisches Landesverfassungsschutzgesetz
BSI	-	Bundesamt für Sicherheit in der Informationstechnik
BT	-	Deutscher Bundestag

10 Zur genauen Bezeichnung und Version der in Bezug genommenen Gesetze siehe Seiten 13-17

BT-Drs.	-	Bundestagsdrucksache
BVerfG	-	Bundesverfassungsgericht
BVerfGE	-	Entscheidungen des Bundesverfassungsgerichts
BVerfSchG	-	Bundesverfassungsschutzgesetz
BW	-	Baden-Württemberg
dtl.	-	deutlich
DÖV	-	Die Öffentliche Verwaltung
DVBl.	-	Deutsches Verwaltungsblatt
EMRK	-	Europäische Menschenrechtskonvention
EU	-	Europäische Union
FS	-	Festschrift
GG	-	Grundgesetz
GSZ	-	Zeitschrift für das Gesamte Sicherheitsrecht
GTAZ	-	Gemeinsames Terrorismusabwehrzentrum
Hdb SicherheitsR	-	Handbuch des Staatschutz- und Sicherheitsrechts
Hdb-StaatsR	-	Handbuch des Staatsrechts der BRD Deutschland
Hess	-	Hessen
HVSG	-	Hessisches Landesverfassungsschutzgesetz
HessVerfSchKG	-	Hessisches Verfassungsschutzkontrollgesetz
Hmb	-	Hamburg
HmbHafenSG	-	Hamburgisches Hafensicherheitsgesetz
HmbVerfSchG	-	Hamburgisches Landesverfassungsschutzgesetz
HParlR	-	Handbuch Parlamentsrecht
Hrsg.	-	Herausgeber
HVSG	-	Hessisches Landesverfassungsschutzgesetz
IMK	-	Innenministerkonferenz
JBÖS	-	Jahrbuch der öffentlichen Sicherheit
JR	-	Juristische Rundschau
KJ	-	Kritische Justiz
LfV	-	Landesamt für Verfassungsschutz
LSA	-	(Land) Sachsen-Anhalt
LVerfSchG	-	Landesverfassungsschutzgesetz
LVerfSchG M-V	-	Mecklenburg-Vorpommersches Landesverfassungsschutzgesetz
LVerfSchG RhPf	-	Landesverfassungsschutzgesetz Rheinland-Pfalz
LVerfSchG S-H	-	Landesverfassungsschutzgesetz Schleswig-Holstein

LVSG BW	-	Landesverfassungsschutzgesetz Baden-Württemberg
MADG	-	Gesetz über den militärischen Abschirmdienst
MV	-	Mecklenburg-Vorpommern
NADIS	-	Nachrichtendienstliches Informationssystem
NDRecht-Hdb	-	Handbuch des Rechts der Nachrichtendienste
Nds	-	Niedersachsen
Nds. Verf	-	Niedersächsische Verfassung
n.F.	-	neue Fassung
NJW	-	Neue Juristische Wochenschrift
NRW	-	Nordrhein-Westfalen
NSU	-	Nationalsozialistischer Untergrund
NVerfSchG	-	Niedersächsisches Landesverfassungsschutzgesetz
NVwZ	-	Neue Zeitschrift für Verwaltungsrecht
PAG	-	Polizeiaufgabengesetz Bayern
PKGG	-	Parlamentarisches Kontrollgremium-Gesetz Bayern
PKGr	-	Parlamentarisches Kontrollgremium
PKGrG	-	Kontrollgremiumgesetz des Bundes
POG RhPf	-	Polizei- und Ordnungsbehördengesetz Rheinland-Pfalz
Rn.	-	Randnummer
RhPf	-	Rheinland-Pfalz
RuP	-	Recht und Politik
Saarl	-	Saarland
Sachs	-	Sachsen
SächsVerf	-	Verfassung des Freistaates Sachsen
SächsVerfGH	-	Verfassungsgerichtshof des Freistaates Sachsen
SächsVSG	-	Sächsisches Landesverfassungsschutzgesetz
SchlH	-	Schleswig-Holstein
Schl-H. Verf	-	Schleswig-Holsteinische Verfassung
StGB	-	Strafgesetzbuch
StPO	-	Strafprozeßordnung
StV	-	Zeitschrift StV Strafverteidiger
SVerfSchG	-	Saarländisches Landesverfassungschutzgesetz
SÜG	-	Sicherheitsüberprüfungsgesetz
SZ	-	Süddeutsche Zeitung
Thür	-	Thüringen

ThürVerf	–	Verfassung des Freistaates Thüringen
ThürVerfSchG	–	Thüringisches Landesverfassungsschutzgesetz
TKG	–	Telekommunikationsgesetz
TKÜ	–	Telekommunikationsüberwachung
Verf	–	Verfassung
VerfBE	–	Verfassung von Berlin
VerfBlog	–	Verfassungsblog
VerfSchG-LSA	–	Landesverfassungsschutzgesetz Sachsen-Anhalt
Verw.	–	Verweis
VerwArch	–	Verwaltungsarchiv
VSG Bln	–	Landesverfassungsschutzgesetz Berlin
VSG NRW	–	Landesverfassungsschutzgesetz Nordrhein-Westfalen
VVDStrRl	–	Veröffentlichungen der Vereinigung der Deutschen Staatsrechtslehrer
VwGO	–	Verwaltungsgerichtsordnung
VZE	–	Vollzeiteinheit
WD	–	Wissenschaftlicher Dienst
ZAR	–	Zusammenarbeitsrichtlinie
ZD	–	Zeitschrift für Datenschutz
ZRP	–	Zeitschrift für Rechtspolitik

Gesetzesübersicht
(Stand: 31. März 2023)

1. Verfassungsschutzgesetze

Bund (BVerfSchG)	Gesetz über die Zusammenarbeit des Bundes und der Länder in Angelegenheiten des Verfassungsschutzes und über das Bundesamt für Verfassungsschutz (Bundesverfassungsschutzgesetz – BVerfSchG) vom 20. Dezember 1990 (BGBl. I S. 2954, 2970) i.d.F. vom 19. Dezember 2022 (BGBl. I S. 2632)
Baden-Württemberg (LVSG BW)	Gesetz über den Verfassungsschutz in Baden-Württemberg (Landesverfassungsschutzgesetz – LVSG) vom 05. Dezember 2005 (GBl. 2006 S. 1) i.d.F. vom 18. Oktober 2022 (GBl. S. 517)
Bayern (BayVSG)	Bayerisches Verfassungsschutzgesetz (BayVSG) vom 12. Juli 2016 (GVBl. S. 145) i.d.F. vom 23. Juli 2021 (GVBl. S. 418) – als a.F. ; n.F. bezieht sich auf den Text gemäß Bay.LT-Drs. 18/21537 mit Änderungsantrag der Staatsregierung vom 13.12.2022.
Berlin (VSG Bln)	Gesetz über den Verfassungsschutz in Berlin (Verfassungsschutzgesetz Berlin – VSG Bln) vom 25. Juni 2001 (GVBl. S. 235) i.d.F. vom 27. September 2021 (GVBl. S. 1121)
Brandenburg (BbgVerfSchG)	Gesetz über den Verfassungsschutz im Land Brandenburg (Brandenburgisches Verfassungsschutzgesetz – BbgVerfSchG) vom 5. April 1993 (GVBl. I S. 78) i.d.F. vom 23. Juni 2021 (GVBl. I S. 21)
Bremen (BremVerfSchG)	Gesetz über den Verfassungsschutz im Lande Bremen (Bremisches Verfassungsschutzgesetz – BremVerfSchG) vom 17. Dezember 2013 (Brem. GBl. S. 769) i.d.F. vom 2. April 2019 (Brem. GBl. S. 169)
Hamburg (HmbVerfSchG)	Hamburgisches Verfassungsschutzgesetz (HmbVerfSchG) vom 7. März 1995 (HmbGVBl. S. 45) i.d.F. vom 10. Juni 2022 (HmbGVBl. S. 376)
Hessen (HVSG)	Hessisches Verfassungsschutzgesetz (HVSG) vom 25. Juni 2018 (GVBl. S. 302) n.F. HessVSG-E bezieht sich auf den Text gemäß Hess. LT-Drs-20/10821 v. 21.03.2023

Mecklenburg-Vorpommern (LVerfSchG M-V)	Gesetz über den Verfassungsschutz im Lande Mecklenburg-Vorpommern (Landesverfassungsschutzgesetz – LVerfSchG M- V) vom 11. Juli 2001 (GVOBl. M-V S. 261) i.d.F. vom 25. Oktober 2022 (GVOBl. M-V S. 547)
Niedersachsen (NVerfSchG)	Niedersächsisches Verfassungsschutzgesetz (NVerfSchG) i.d.F. vom 2. August 2021 (Nds. GVBl. S. 564)
Nordrhein-Westfalen (VSG NRW)	Gesetz über den Verfassungsschutz in Nordrhein-Westfalen (Verfassungsschutzgesetz Nordrhein-Westfalen – VSG NRW) vom 20. Dezember 1994 (GV. NRW. 1995 S. 28) i.d.F. vom 17. Mai 2018 (GV. NRW. S. 244)
Rheinland-Pfalz (LVerfSchG RhPf)	Landesverfassungsschutzgesetz (LVerfSchG) vom 11. Februar 2020 (GVBl. S. 43)
Saarland (SVerfSchG)	Saarländisches Verfassungsschutzgesetz (SVerfSchG) vom 24. März 1993 (Amtsblatt S. 296) i.d.F. vom 18. April 2018 (Amtsblatt S. 332)
Sachsen (SächsVSG)	Gesetz über den Verfassungsschutz im Freistaat Sachsen (Sächsisches Verfassungsschutzgesetz – SächsVSG) vom 16. Oktober 1992 (SächsGVBl. S. 459) i.d.F. vom 3. Mai 2019 (SächsGVBl. S. 312)
Sachsen-Anhalt (VerfSchG-LSA)	Gesetz über den Verfassungsschutz im Land Sachsen-Anhalt (VerfSchG-LSA) vom 6. April 2006 (GVBl. LSA S. 236) i.d.F. vom 16. Mai 2022 (GVBl. LSA S. 100)
Schleswig-Holstein (LverfSchG S-H)	Gesetz über den Verfassungsschutz im Lande Schleswig-Holstein (Landesverfassungsschutzgesetz – LverfSchG -) vom 23. März 1991 (GVOBl. S. 203) i.d.F. vom 1. Dezember 2020 (GVOBl. S. 874)
Thüringen (ThürVerfSchG)	Thüringer Gesetz zum Schutz der freiheitlichen demokratischen Grundordnung und zur Vorbeugung vor Gefahren für die freiheitliche demokratische Grundordnung (Thüringer Verfassungsschutzgesetz – ThürVerfSchG -) vom 8. August 2014 (GVBl. S. 529) i.d.F. vom 20. Dezember 2022 (GVBl. 2023 S.1)

2. Landesverfassungen (soweit zitiert)

Berlin (VerfBE)	Verfassung von Berlin vom 23. November 1995 (GVBl. S. 779) i.d.F. vom 17. Mai 2021 (GVBl. S. 502)
Brandenburg (BbgVerf)	Verfassung des Landes Brandenburg vom 20. August 1992 (GVBl. I S. 298) i.d.F. vom 5. Juli 2022 (GVBl. I/22 Nr. 19)
Sachsen (SächsVerf)	Verfassung des Freistaates Sachsen vom 27. Mai 1992 (SächsGVBl. S. 243) i.d.F. vom 11. Juli 2013 (SächsGVBl. S. 502)

Thüringen (ThürVerf)	Verfassung des Freistaates Thüringen vom 25. Oktober 1993 (GVBl. S. 625) i.d.F. vom 11. Oktober 2004 (GVBl. S. 745)
Niedersachsen (Nds. Verf)	Niedersächsische Verfassung vom 19. Mai 1993 (Nds. GVBl. S. 107) i.d.F. vom 10. Dezember 2020 (Nds. GVBl. S. 464)
Schleswig-Holstein (Schl-H. Verf)	Verfassung des Landes Schleswig-Holstein vom 2. Dezember 2014 (GVOBl. S. 344) i.d.F. vom 20. April 2021 (GVOBl. S. 438)

3. Sonstige Gesetze

AO	Abgabenordnung vom 1. Oktober 2002 (BGBl. I S. 3866; 2003 I S. 61) i.d.F. vom 20. Dezember 2022 (BGBl. I S. 2730)
Artikel 10-Gesetz	Gesetz zur Beschränkung des Brief-, Post- und Fernmeldegeheimnisses (Artikel 10-Gesetz – G 10) vom 26. Juni 2001 (BGBl. I S. 1254, 2298; 2017 I S. 154) i.d.F. vom 5. Juli 2021 (BGBl. I S. 2274)
PKGrG	Gesetz über die parlamentarische Kontrolle nachrichtendienstlicher Tätigkeit des Bundes (Kontrollgremiumgesetz – PKGrG) vom 29. Juli 2009 (BGBl. I S. 2346) i.d.F. vom 19. April 2021 (BGBl. I S. 771)
BHO	Bundeshaushaltsordnung (BHO) vom 19. August 1969 (BGBl. I S. 1284) i.d.F. vom 1. Juli 2022 (BGBl. I S. 1030)
BKAG	Gesetz über das Bundeskriminalamt und die Zusammenarbeit des Bundes und der Länder in kriminalpolizeilichen Angelegenheiten (Bundeskriminalamtgesetz – BKAG) vom 1. Juni 2017 (BGBl. I S. 1354; 2019 I S. 400) i.d.F. vom 19. Dezember 2022 (BGBl. I S. 2632, I 2023 Nr. 60)
StGB	Strafgesetzbuch vom 13. November 1998 (BGBl. I S. 3322) i.d.F. vom 4. Dezember 2022 (BGBl. I S. 2146)
StPO	Strafprozeßordnung vom 7. April 1987 (BGBl. I S. 1074, 1319) i.d.F. vom 25. März 2022 (BGBl. I S. 571)
TKG	Telekommunikationsgesetz (TKG) vom 23. Juni 2021 (BGBl. I S. 1858), i.d.F. vom 14. März 2023 (BGBl. 2023 I Nr. 71)
TTDSG	Gesetz über den Datenschutz und den Schutz der Privatsphäre in der Telekommunikation und bei Telemedien (Telekommunikation-Telemedien-Datenschutz-Gesetz – TTDSG) vom 23. Juni 2021 (BGBl. I S. 1982; 2022 I S. 1045) i.d.F. vom 12. August 2021 (BGBl. I S. 3544; 2022 I 1045)
AG G 10 BW	Gesetz zur Ausführung des Artikel 10-Gesetzes (Ausführungsgesetz zum Artikel 10-Gesetz – AG G10) vom 13. Mai 1969 (GBl. S. 79) i.d.F. vom 18. Dezember 2018 (GBl. S. 1552, 1556)

PKGG	Gesetz zur parlamentarischen Kontrolle der Staatsregierung hinsichtlich der Tätigkeit des Landesamtes für Verfassungsschutz sowie hinsichtlich der Maßnahmen nach Art. 13 Abs 3 bis 5 des Grundgesetzes (Parlamentarisches Kontrollgremium-Gesetz – PKGG) vom 8. November 2010 (GVBl. S. 722) i.d.F. vom 26. März 2019 (GVBl. S. 98)
AGG 10 Bay	Gesetz über die Aufgaben der G10–Kommission im Bayerischen Landtag und zur Ausführung des Art. 10-Gesetzes – G 10 (Ausführungsgesetz Art. 10-Gesetz – AGG 10) vom 11. Dezember 1984 (GVBl. S. 522) i.d.F. vom 26. März 2019 (GVBl. S. 98)
AG G 10 Bln	Gesetz zur Ausführung des Artikel 10-Gesetzes (AG G 10) vom 25. Juni 2001 (GVBl. S. 251) i.d.F. vom 5. Dezember 2003 (GVBl. S. 571)
G10AGBbg	Gesetz zur Ausführung des Artikel 10-Gesetzes (G10AGBbg) vom 14. Dezember 1995 (GVBl. I S. 286) i.d.F. vom 27. Februar 2020 (GVBl. I Nr. 4 S. 2)
AGG 10 Brem	Gesetz zur Ausführung des Gesetzes zur Beschränkung des Brief-, Post- und Fernmeldegeheimnisses vom 14. Oktober 1969 (Brem. GBl. S. 131) i.d.F. vom 11. April 2017 (Brem. GBl. S. 157)
HmbG10AusfG	Hamburgisches Gesetz zur Ausführung des Artikel 10-Gesetzes (HmbG10AusfG) vom 17. Januar 1969 (HmbGVBl. S. 5) i.d.F. vom 10. Juni 2022 (HmbGVBl. S. 376, 381)
HessVerfSchKG	Gesetz zur parlamentarischen Kontrolle des Verfassungsschutzes in Hessen (Verfassungsschutzkontrollgesetz) vom 25. Juni 2018 (GVBl. S. 302, 317)
HAGArt10G	Hessisches Ausführungsgesetz zum Artikel 10-Gesetz (HAGArt10G) vom 16. Dezember 1969 (GVBl. S. 303) i.d.F. vom 23. Juni 2020 (GVBl. S. 430)
AG G 10 M-V	Gesetz zur Ausführung des Artikel 10-Gesetzes vom 17. Juli 1992 (GVOBl. M-V S. 486) i.d.F. vom 30. Juli 2007 (GVOBl. M-V S. 278)
Nds. AG G 10	Niedersächsisches Gesetz zur Ausführung des Artikel 10-Gesetzes (Nds. AG G 10) vom 27. Januar 2004 (Nds. GVBl. S. 35) i.d.F. vom 7. Juli 2021 (Nds. GVBl. S. 483)
AGG 10 RhPf	Landesgesetz zur parlamentarischen Kontrolle von Beschränkungen des Brief-, Post- und Fernmeldegeheimnisses vom 16. Dezember 2002 (GVBl. S. 477) i.d.F. vom 22. Dezember 2015 (GVBl. S. 461)
G10DG S	Gesetz zur Durchführung des Artikel 10-Gesetzes (G 10-Durchführungsgesetz) vom 19. März 2003 (Amtsbl. S. 1350) i.d.F. vom 18. April 2018 (Amtsbl. S. 332)

SächsAG G10	Gesetz zur Ausführung des Artikel 10-Gesetzes im Freistaat Sachsen (Sächsisches Artikel-10-Gesetz-Ausführungsgesetz – SächsAG G 10) vom 16. Oktober 1992 (SächsGVBl. S. 464) i.d.F. vom 3. Mai 2019 (SächsGVBl. S. 312)
AGG 10-LSA	Gesetz zur Ausführung des Artikel 10-Gesetzes (AGG 10-LSA) vom 26. Januar 2006 (GVBl. LSA S. 12, 25) i.d.F. vom 21. Oktober 2020 (GVBl. LSA S. 596, 602)
AGG 10 Thür	Thüringer Gesetz zur Ausführung des Artikel 10-Gesetzes vom 16. Juli 2008 (GVBl. S. 245) i.d.F. vom 6. Juni 2018 (GVBl. S. 229, 262)
Haushaltsgesetz 2023/2024 Bbg	Gesetz über die Feststellung des Haushaltsplanes des Landes Brandenburg für die Haushaltsjahre 2023 und 2024 (Haushaltsgesetz 2023/2024) vom 16. Dezember 2022 (GVBl. I/22, Nr. 35, S. 1, I 22, Nr. 35, S. 16)
PAG	Gesetz über die Aufgaben und Befugnisse der Bayerischen Polizei (Polizeiaufgabengesetz – PAG) vom 14. September 1990 (GVBl. S. 397) i.d.F. vom 24. März 2023 (GVBl. S.98)
POG RhPf	Polizei- und Ordnungsbehördengesetz (POG) vom 10. November 1993 (GVBl. S. 595) i.d.F. vom 23. September 2020 (GVBl. S. 516)
BremSÜG	Gesetz über die Voraussetzungen und das Verfahren von Sicherheitsüberprüfungen des Landes Bremen (Bremisches Sicherheitsüberprüfungsgesetz – BremSÜG) vom 30. Juni 1998 (Brem. GBl. S. 185) i.d.F. vom 2. März 2021 (Brem. GBl. S. 282)
HmbSÜGG	Gesetz über die Voraussetzungen und das Verfahren von Sicherheitsüberprüfungen und den Umgang mit eingestuften Geheimnissen der Freien und Hansestadt Hamburg (Hamburgisches Sicherheitsüberprüfungs- und Geheimschutzgesetz – HmbSÜGG) vom 25. Mai 1999 (HmbGVBl. S. 82) i.d.F. vom 10. Juni 2022 (HmbGVBl. S. 376, 379)
HmbHafenSG	Hamburgisches Hafensicherheitsgestz (HmbHafenSG) vom 11. Mai 2021 (HmbGVBl. S. 311)
LSÜG	Gesetz über die Voraussetzung und das Verfahren von Sicherheitsüberprüfungen im Land Schleswig-Holstein (Landessicherheitsüberprüfungsgesetz – LSÜG-) vom 10. Dezember 2003 (GVOBl. S. 651) i.d.F. vom 16. Januar 2019 (GVOBl. S. 30)
ThürSÜG	Thüringer Sicherheitsüberprüfungsgesetz (ThürSÜG) vom 17. März 2003 (GVBl. S. 185) i.d.F. vom 6. Juni 2018 (GVBl. S.229, 263)

A. Einleitung

Das Recht der Nachrichtendienste ist in Deutschland eine **zunehmend dynamische Materie.** Dies wird maßgeblich, aber nicht allein, durch die Rechtsprechung getrieben.[11] Diese Dynamik speist sich nicht lediglich aus umfassender gesetzgeberischer Aktivität, sondern sie ergibt sich geradezu zwangsläufig aus der **föderalen Struktur der Inlandsaufklärung** mit einem Bundesamt und sechzehn Landesämtern.[12] § 2 II BVerfSchG legt den Bundesländern die Verpflichtung auf, eine funktionsfähige Behörde zur Bearbeitung von Angelegenheiten des Verfassungsschutzes zu unterhalten. Nur durch solche kann eine effektive Zusammenarbeit i.S.d. Art. 73 I Nr. 10, Art. 87 I 2 GG gewährleistet werden.[13] Damit ist für landesrechtliche Regelungen zu Aufgaben, Organisation und Befugnissen der Verfassungsschutzaufgaben ein Rahmen gesetzt, der durch die Landesgesetzgeber auszufüllen ist, soweit ihn die bundesrechtliche Verpflichtung zur Zusammenarbeit zwingend erfordert. Bei dementsprechend **siebzehn verschiedenen Gesetzgebern** ergibt sich Raum für eine Vielzahl laufender Gesetzesänderungen.[14] 1

Zudem war und ist das Recht der Nachrichtendienste aber auch - verglichen mit der artverwandten, aber doch der Natur nach anderen Materie, wie dem Polizei- und Ordnungsrecht – in weiten Teilen dogmatisch unterentwickelt. Erst nach und nach werden **Ansätze einer Dogmatik** des Rechts der Nachrichtendienste sichtbar.[15] Ein Vergleich ermöglicht hier ein vertieftes Verständnis der Rechtsordnung, und eine rechtsvergleichende 2

11 *BVerfG*, Urt. v. 26.04.2022, Az. 1 BvR 1619/17 = NJW 2022, 1583; dazu: *Gärditz*, GSZ 2022, 161-170; *Löffelmann*, JR 2022, 433-441; *Meiertöns*, JBÖS 2022/2023, S. 533-546; *BVerfG*, Beschl. v. 28.09.2022 - 1 BvR 2354/13 zur Verfassungswidrigkeit der Übermittlungsvorschriften des BVerfSchG.

12 *Meiertöns* in: HdB SicherheitsR, § 18, Rn. 31 f..

13 *Stern* in: Stern StaatsR I, § 6 VI 3 a; *Gröpl*, Nachrichtendienste, S. 88.

14 In den Jahren 2020-2021 z.B.: HmbVerfSchG 24.01.2020, LVerfSchG RhPf 11.02.2020, VerfSchG-LSA 21.10.2020, LVerfSchG S-H 01.12.2020, BVerfSchG 19.06.2020 und 05.07.2021, LVSG BW 11.02.2020 und 03.02.2021, BayVSG 23.07.2021, BbgVerfSchG 27.02.2020 und 23.06.2021, NVerfSchG 02.08.2021, Artikel 10-Gesetz 19.06.2020 und 05.07.2021, PKGrG 19.04.2021, HbG10AusfG 24.01.2020, Nds. AG G 10 07.07.2021, AGG 10-LSA 21.10.2020, VSG Bln 27.9.2021.

15 *Lindner/Unterreitmeier*, DÖV 2019, S. 165-175.

Betrachtung der Landesverfassungsschutzgesetze drängt sich vor diesem Hintergrund auf.

3 Der Ausgangspunkt kann hier nur eine **funktionale Rechtsvergleichung** sein, als methodisches Grundprinzip der Rechtsvergleichung, wonach nur Recht vergleichbar ist, das dieselbe Funktion erfüllt.[16] Aufgrund der hohen Regelungsdichte des Untersuchungsgegenstandes können die vergleichbaren Funktionen hier sehr kleinteilig gewählt werden. Ein Nebeneffekt dieser Methodik ist, dass sich anhand dessen eine übergreifende Systematik entwickeln lässt. Der an die Rechtsvergleichung herangetragene Vorwurf, dass ihr im Gegensatz zu anderen Rechtsgebieten der unmittelbare **Anwendungsbezug** fehle,[17] greift hier von vornherein nicht. Den mit der Materie befassten Rechtsanwendern innerhalb von Verfassungsschutzbehörden fehlt es bisher an einer entsprechenden vergleichenden Darstellung und Untersuchung.

4 Es besteht also ein **praktischer Bedarf** an einer synoptischen rechtsvergleichenden Untersuchung der Landesverfassungsschutzgesetze, sowohl untereinander als auch im Vergleich zum BVerfSchG. Zu den einzelnen Punkten des Vergleichs bildet der **fortlaufende Text die Orientierung**. Dieser beschreibt zunächst die jeweiligen Punkte hinsichtlich ihres Regelungsgehalts (fett hervorgehoben) und bündelt gleichartige und ähnliche Regelungen. Um nicht lediglich gezwungen zu sein, die einzelnen landesgesetzlichen Regelungen paraphrasierend wiederzugeben, wird teils auch der jeweilige Text der entsprechenden Landesverfassungsschutzgesetze in den Fußnoten hinzuzitiert. Um den so entstehenden, recht **umfangreichen Fußnotenapparat** zu entzerren, wird im Interesse der Lesbarkeit auf eine Verwendung von Landeskürzeln im Haupttext verzichtet. Dies soll auch den synoptischen Vergleich vereinfachen. Hierbei steht zunächst weniger die Textanalyse als vielmehr zunächst die synoptische Gegenüberstellung der reinen Gesetzestexte im Vordergrund; Unterschiede werden teilweise aber schon im Zuge dessen augenfällig.

5 Wiederholt waren im Jahr 2017 Ansätze zur **Harmonisierung des Rechtsrahmens im Verfassungsschutzrecht** Gegenstand der Innenministerkonfe-

16 *Zweigert/Kötz*, Einführung in die Rechtsvergleichung, 3. Aufl. 1996, S. 33 ff.
17 *Kischel*, Rechtsvergleichung, 2015, § 2 A, S. 47.

renz.[18] Hierzu hat eine länderoffene Arbeitsgruppe des AK IV „Zusammenarbeit der Verfassungsschutzbehörden des Bundes und der Länder - Schaffung eines harmonisierten Rechtsrahmens mit wirksamen Befugnissen" eine Empfehlung mit Musterregelungen zur Neuregelung von Erhebungsbefugnissen vorgelegt, die Schrankennormen und Schwellenregelungen zur Informationserhebung vorsieht.[19] Hierzu existierte ein eng an die IMK-Beschlüsse angelehnter Referentenentwurf,[20] zu dessen Realisierung jedoch keine weiteren Schritte unternommen wurden. Eine im Koalitionsvertrag der „Großen Koalition" vereinbarte grundlegende Novelle des BVerfSchG[21] ist in der 19. Legislaturperiode nicht umgesetzt worden. Stattdessen hat der Bundesgesetzgeber im am 8.7.2021 verkündeten **Gesetz zur Anpassung des Verfassungsschutzrechts**[22] partikuläre Einzeländerungen vorgenommen.[23] Diese betreffen vornehmlich die sog. „Quellen-TKÜ",[24] den Einbezug des MAD in den Informationsverbund des Verfassungsschutzes[25] und Einzelpersonenbeobachtung[26]. Entfristungen von Regelungen, die ansonsten zum 10.1.2021 außer Kraft getreten wären (insbesondere zu Auskunftspflichten von Unternehmen)[27], sind zuvor bereits gesondert als **Gesetz zur Entfristung von Vorschriften zur Terrorismusbekämpfung**[28] vom 03.12.2020 vorgenommen worden. Der Koalitionsvertrag der „Ampel-Koalition" von 2021 sieht als Vorhaben ebenfalls eine umfassende Reform des Rechts der Nachrichtendienste als Teil des Sicherheitsrechts des Bundes vor.[29]

18 Beschluss Nr. 2 zu TOP 34 der 206. Innenministerkonferenz v. 12.-14.06.2017; https://www.innenministerkonferenz.de/IMK/DE/termine/to-beschluesse/20170612-14.html?nn=4812206.

19 TOP 29 der 207. Innenministerkonferenz v. 07.-08.12.2017. https://www.innenministerkonferenz.de/IMK/DE/termine/to-beschluesse/20171207-08.html?nn=4812206.

20 Abrufbar: https://netzpolitik.org/2019/wir-veroeffentlichen-den-gesetzentwurf-seehofer-will-staatstrojaner-fuer-den-verfassungsschutz/

21 Koalitionsvertrag zwischen CDU, CSU und SPD, 19. Legislaturperiode, S. 127, Zeilen 5962-5968; https://www.bundesregierung.de/breg-de/themen/koalitionsvertrag-zwischen-cdu-csu-und-spd-195906.

22 BGBl. I 2021, S. 2274; BT-Drs. 19/24785.

23 Umfassend dazu: *Gitter/Marschollek*, GSZ 2021, S. 191-197.

24 §§ 2 I a Nr. 4, 3a, b, 11 Ia G10.

25 § 6 II 2 BVerfSchG; § 3 II MADG.

26 § 4 I 4 BVerfSchG.

27 Teils kritisch dazu: *Institut für Gesetzesfolgenabschätzung und Evaluation*, BT-Drs. 19/23350, S. 120 ff.

28 BGBl. I 2020, 2667; BT-Drucks. 19/23706.

29 Koalitionsvertrag zwischen SPD, Bündnis90/Die Grünen und FDP, S. 110: *„Das Sicherheitsrecht des Bundes, einschließlich der Übermittlungsvorschriften reformieren wir umfassend."*.

I. Der Verfassungsschutzverbund

6 Verfassungsschutz ist nach dem Grundgesetz eine gemeinsame Aufgabe von Bund und Ländern.[30] Verfassungsschutzaufgaben als nachrichtendienstliche Inlandsaufklärung werden sowohl durch das Bundesamt für Verfassungsschutz (BfV) als auch durch die Landesämter für Verfassungsschutz (LfV) wahrgenommen. Gemäß Art. 73 I Nr. 10 lit. b i.V.m. Art. 87 I S. 2 GG ist der Bund, in Abweichung von der Regelzuständigkeit der Länder nach Art. 30 und 70 GG, dazu ermächtigt, die **Zusammenarbeit des Bundes und der Länder** im Bereich des Verfassungsschutzes zu regeln.[31] Von dieser Gesetzgebungskompetenz hat der Bund durch Erlass des Bundesverfassungsschutzgesetzes (BVerfSchG) Gebrauch gemacht und in diesem die Zusammenarbeitspflicht von BfV und LfV näher beschrieben[32].

7 Danach kommt dem BfV eine **Doppelfunktion** zu: Es fungiert zum einen gemäß § 2 I BVerfSchG als Bundesoberbehörde, die dem Bundesministerium des Inneren untersteht. Zum anderen kommt ihm eine Funktion als Zentralstelle zu (§ 5 IV BVerfSchG), welche die Zusammenarbeit der Verfassungsschutzbehörden koordiniert.[33] Den Bundesländern wird in § 2 II S. 1 BVerfSchG der **Einrichtungsauftrag** erteilt, eine Behörde zur „Bearbeitung von Angelegenheiten des Verfassungsschutzes" zu unterhalten. 2015 ist den Bundesländern auch die **Möglichkeit einer Zusammenlegung** mehrerer Landesämter eingeräumt worden[34] (§ 2 II S. 2 BVerfSchG). Von dieser Zusammenlegungsoption haben, trotz der so bestehenden Möglichkeit, sich verfassungskonform dieser Aufgaben teils zu entledigen,[35] bisher jedoch keine Bundesländer Gebrauch gemacht.

8 Art. 73 I Nr. 10 b GG weist **Verfassungsschutz als Gesetzgebungsaufgabe** dem Bund zu, was jedoch auf die Regulierung der Zusammenarbeit des Bundes und der Länder beschränkt ist und keine umfassende Zuständigkeit für das Verfassungsschutzrecht begründet, die weiterhin nach Art. 70 GG

30 Nur im Wege einer Änderung des Grundgesetzes (Art. 79 GG) ließe sich dem Bund eine Alleinzuständigkeit für den Verfassungsschutz in Bund und Ländern zuweisen. Vgl. dazu die Ausarbeitung des WD des BT, Zusammenlegung der Behörden für Verfassungsschutz von Bund und Ländern, Az. WD 3 - 3000 - 408/18, v. 11. Dez. 2018.

31 Allg. dazu: *Banzhaf*, Die Ämter für Verfassungsschutz, S. 79 ff.

32 §§ 1-7 BVerfSchG.

33 § 5 III BVerfSchG.

34 BT-Drucks. 18/4654.

35 *Gärditz*, AöR 2019, S. 81-132 (116-117).

den Ländern und nicht dem Bund zusteht.[36] Da die bundesgesetzliche Befugnis zur Regelung der Zusammenarbeit ins Leere liefe, wenn nicht ein Mindestmaß und Kernbestand an gemeinsamen Aufgaben geregelt wäre, kann der Bund den Ländern so einen **Grundbestand an Aufgaben** vorgeben. Jedoch sind die LfV dem BfV ansonsten weder nachgeordnet noch ist dieses gegenüber den LfV weisungsbefugt.[37] Es handelt sich aber um eine so weit gehende Einheitlichkeit an Aufgaben, dass bereits die Bezeichnung „**Verfassungsschutzverbund**" als kritikwürdig erscheint.[38]

II. Rechtlicher Rahmen der Landesverfassungsschutzbehörden

Aus dem Grundgesetz lassen sich einige **strukturelle Grundentscheidungen** zu Art, Umfang und Organisation der nachrichtendienstlichen Inlandsaufklärung ableiten,[39] auch wenn „nachrichtendienstliche Tätigkeit" im Grundgesetz nur ein einziges Mal, nämlich in Art. 45 d I GG zum Parlamentarischen Kontrollgremium selbst im Text erwähnt wird.[40] 9

Für die Bundesländer bestünde die Möglichkeit, vergleichbare **Vorgaben in Landesverfassungen** vorzunehmen.[41] Hiervon ist allerdings kaum Gebrauch gemacht worden, denn die meisten Landesverfassungen treffen hierzu keine Regelung, aber es findet sich teils in Landesverfassungen eine Erwähnung der parlamentarischen Kontrolle nachrichtendienstlichen Handelns, wodurch implizit die Existenz von Verfassungsschutzbehörden in den Landesverfassungen vorausgesetzt wird (Berlin[42], Brandenburg[43], Sachsen[44], Thüringen[45]). 10

§ 2 II BVerfSchG **überlässt es den einzelnen Ländern**, ob sie selbstständige Verfassungsschutzbehörden errichten oder den Verfassungsschutz 11

36 *Gusy*, BayVbl. 1982, S. 201.
37 *Roth* in Schenke/Graulich, § 2 Rn 14.
38 *Banzhaf*, Die Ämter für Verfassungsschutz, S. 90 ff; *Gärditz*, AöR 2019, S. 81-132 (88f.).
39 Näher dazu NDRecht-Hdb/*Hecker* III § 2 Rn 2-4.
40 Art 45 d GG: *Parlamentarisches Kontrollgremium (1) Der Bundestag bestellt ein Gremium zur Kontrolle der nachrichtendienstlichen Tätigkeit des Bundes.*
41 *Wittmoser*, Die Landesämter für Verfassungsschutz, 2012, S. 40 f.
42 Art. 46 a VerfBE.
43 Art. 11 III BbgVerf.
44 Art. 83 III SächsVerf.
45 Art. 97 ThürVerf.

als Abteilung des Innenministeriums des Landes führen wollen.[46] Der Bund ist nicht dazu befugt, den Ländern diesbezüglich eine Organisationsform des Verfassungsschutzes vorzuschreiben.[47] Teils haben die Länder **eigene Landesoberbehörden** als Landesämter für Verfassungsschutz eingerichtet (Baden-Württemberg[48], Bayern[49], Hamburg[50], Hessen[51], Sachsen[52], Thüringen[53]), teils unterhalten sie **eigene Abteilungen** in den jeweiligen Landesinnenministerien bzw. bei den Innensenatoren (Berlin[54], Bremen[55], Brandenburg[56], Mecklenburg-Vorpommern[57], Niedersachsen[58], Nordrhein-Westfalen[59], Rheinland-Pfalz[60], Saarland[61], Sachsen-Anhalt[62], Schleswig-Holstein[63]).

12 Die Analyse dazu, welche der beiden **Organisationsformen die jeweils vorteilhaftere** sei, fällt uneinheitlich aus: Während für die Eingliederung als Abteilung in das Landesinnenministerium kürzere Informations- und Entscheidungswege zu politischen Entscheidungsträgern angeführt werden, wird dem die Gefahr einer übergroßen Machtkonzentration und das Fehlen einer ministeriellen Steuerungs- und Kontrollinstanz entgegengehalten. Zugunsten selbstständiger Landesämter werden dagegen klarer abgegrenzte Kompetenzen, stärkere Transparenz und effektivere demokratische Kon-

46 *Roth* in Schenke/Graulich, § 2 Rn. 15; *Droste,* HbB-VerfSchR, S. 46.
47 *Gusy*, BayVBl. 1982, S. 201-202; *Meiertöns* in: HdB SicherheitsR, § 18 Rn. 52-53.
48 § 2 I LVSG BW.
49 Art. 1 BayVSG.
50 § 2 I HmbVerfSchG, das Landesamt ist in Hamburg in die Behörde für Inneres und Sport eingegliedert.
51 § 1 I S. 1 HessVSG.
52 § 1 I SächsVSG.
53 § 2 I ThürVerfSchG, seit 1.1.2015 in das Thüringer Ministeriums für Inneres und Kommunales eingegliedert („*bei dem für den Verfassungsschutz zuständigen Ministerium*“).
54 § 2 I VSG Bln.
55 § 2 I S. 1, 2 BremVerfSchG, in Bremen führt die Abteilung beim Senator für Inneres und Sport die Bezeichnung „Landesamt für Verfassungsschutz“
56 § 2 I BbgVerfSchG.
57 § 2 I LVerfSchG M-V.
58 § 2 I NVerfSchG.
59 § 2 I VSG NRW.
60 § 2 I LVerfSchG RhPf.
61 § 2 I SVerfSchG.
62 § 2 I S. 2, 3 VerfSchG-LSA.
63 § 2 I S. 2,3 LVerfSchG S-H.

trolle ins Feld geführt,[64] während die größere Distanz zu politischen Entscheidungsträgern die Gefahr geringerer Kontrolle und eines unerwünschten Eigenlebens eines LfV mit sich bringe.[65] Der Befund dazu, welche Organisationsform vorteilhafter ist, läuft jedenfalls in der Rechtswissenschaft auf ein *non liquet*-Argument hinaus.[66]

Was die personelle Ausstattung und Binnenorganisation angeht, unterscheiden sich die einzelnen betrauten Landesverfassungsschutzbehörden erheblich. Deutliche Unterschiede bestehen auch in der jeweiligen **personellen Ausstattung**, die bei kleineren Landesämtern im zweistelligen Bereich liegt (z.B. Bremen mit 65,5 Vollzeiteinheiten (VZE) im Haushaltsjahr 2018 [67] oder das Saarland mit 81 Stellen 2023[68]) und bei größeren Landesämtern bei mehreren Hundert Stellen liegt[69] (z.B. Bayern: 575 Planstellen im Haushaltsjahr 2022;[70] Baden-Württemberg 404 Personalstellen im Jahr 2020;[71] Niedersachsen mit 314,32 VZE im Haushaltsjahr 2023[72]). Grundsätzlich ist eine abweichende Größenordnung von gleichartigen Landesbehörden zwischen kleineren Bundesländern und größeren Bundesländern, Stadtstaaten und Flächenstaaten weder ungewöhnlich noch rechtlich zu beanstanden. Es muss jedoch den **Mindestanforderungen an eine personelle Untergrenze** genügt werden, die eine sachgerechte Wahrnehmung der komplexen und umfassenden Verfassungsschutzaufgaben verfassungsrechtlich zwingend erfordert.[73] 13

Sofern die Landesämter als eigene Abteilungen in den jeweiligen Landesinnenministerien eingegliedert sind, können zentrale Verwaltungsaufgaben (wie Personal und Organisation) von der jeweiligen Stelle innerhalb des 14

64 *Gröpl*, Nachrichtendienste, 1993. S. 212.

65 Dazu: *Droste* HbB-VerfSchR, S. 46, *Gazeas*, Übermittlung nachrichtendienstlicher Erkenntnisse, S. 120.

66 So: *Gazeas*, Übermittlung nachrichtendienstlicher Erkenntnisse, S. 120; *Gröpl*, Nachrichtendienste, S. 212.

67 LfV Bre.; https://www.verfassungsschutz.bremen.de/ueber_uns-1464.

68 LfV Saarl., https://www.saarland.de/mibs/DE/themen-aufgaben/aufgaben/verfassungsschutz/aufbau/aufbau_node.html.

69 Übersicht bei *Wittmoser*, Die Landesämter für Verfassungsschutz, 2012, S. 56-59.

70 LfV Bay, https://www.verfassungsschutz.bayern.de/ueberuns/landesamt/index.html.

71 LfV BW, https://www.verfassungsschutz-bw.de/,Lde/Startseite/Ueber+uns/Aufbau+und+Organisation.

72 LfV Nds, https://www.verfassungsschutz.niedersachsen.de/startseite/wir_uber_uns/daten_und_fakten/daten-und-fakten-54329.html.

73 *Wittmoser*, Die Landesämter für Verfassungsschutz, 2012, S. 59-62; *Droste* HbB-VerfSchR, S. 47; *Meiertöns* in: HdB SicherheitsR, § 18 Rn. 52.

Ministeriums mit wahrgenommen werden. Aufgrund des **organisatorischen Trennungsgebots** ist es jedoch erforderlich,[74] dass übergreifende Aufgaben der nachrichtendienstlichen Arbeit separat zentralisiert wahrgenommen werden.[75]

74 *Meiertöns* in: HdB SicherheitsR, § 18 Rn. 21-23.
75 Z.B. HH Ref V-41 Observation, konsp. Ermittlungen. Hess Dez 31 Observation.

B. Aufgaben

Ebenso wie das BVerfSchG in § 1 I[76] haben die meisten Bundesländer **generelle Zweckbestimmungen** an den Anfang der jeweiligen Landesverfassungsschutzgesetze gestellt (Baden-Württemberg[77], Berlin[78], Bremen[79], Hamburg[80], Mecklenburg-Vorpommern[81], Niedersachsen[82], Nordrhein-Westfalen[83], Rheinland-Pfalz[84], Saarland[85], Sachsen[86], Sachsen-Anhalt[87], Schleswig-Holstein[88], Thüringen[89]), Hessen in einer Präambel, während Bayern darauf verzichtet. 15

Zu Beginn des jeweiligen Landesgesetzes sind häufiger Bestimmungen zur **Organisation des Landesamtes** enthalten (Baden-Württemberg[90], Bayern[91], Berlin[92], Hessen[93], Mecklenburg-Vorpommern[94], Saarland[95], Sachsen[96], Sachsen-Anhalt[97], Schleswig-Holstein[98], Thüringen[99]), die teils einen hohen Detaillierungsgrad aufweisen (wie z.B. die Einrichtung einer 16

76 § 1 I BVerfSchG: *„Der Verfassungsschutz dient dem Schutz der freiheitlichen demokratischen Grundordnung, des Bestandes und der Sicherheit des Bundes und der Länder."*
77 § 1 LVSG BW.
78 § 1 VSG Bln.
79 § 1 I S. 1 BremVerfSchG.
80 § 1 I HambVerfSchG.
81 § 1 LVerfSchG M-V.
82 § 1 NVerfSchG.
83 § 1 S. 1 VSG NRW.
84 § 1 LVerfSchG RhPf unter der Überschrift *„Auftrag"*.
85 § 1 SVerfSchG.
86 § 1 I S. 1 SächsVSG.
87 § 1 I VerfSchG-LSA.
88 § 1 S. 1 LVerfSchG S-H.
89 § 1 I S.1, 2 ThürVerfSchG.
90 § 2 I LVSG BW.
91 Art. 1 BayVSG.
92 § 2 I VSG Bln.
93 § 1 I HVSG.
94 § 2 LVerfSchG M-V.
95 § 2 I SVerfSchG.
96 § 1 1 S. 2 SächsVSG.
97 § 2 I, II VerfSchG-LSA.
98 § 2 I LVerfSchG S-H.
99 § 2 I ThürVerfSchG.

Stabsstelle für Controlling in Thüringen),[100] die eigentlich einer Regelung per Gesetz wesensfremd erscheinen.

17 Aus § 3 I BVerfSchG ergibt sich der gesetzliche **Beobachtungs- und Aufklärungsauftrag** nicht nur des Bundesamtes für Verfassungsschutz, sondern auch der Landesverfassungsschutzbehörden.[101] Dieser Katalog ist jedoch nicht abschließend und einige Länder haben dem jeweiligen Landesamt für Verfassungsschutz darüber hinaus gehende Beobachtungsaufgaben zugewiesen (s.u. Rn. 18-22). Neben diesem zentralen Beobachtungs- und Aufklärungsauftrag haben die Landesämter für Verfassungsschutz auch noch **Mitwirkungspflichten** gegenüber anderen Behörden (z.B. im Rahmen von Sicherheitsüberprüfungen nach dem SÜG) zu erfüllen. (s.u. Rn. 27-28).

I. Beobachtungsaufgaben

18 Als **Katalogaufgaben nach § 3 I BVerfSchG** und einheitliches Aufgabenspektrum ist den Landesverfassungsschutzbehörden die Beobachtung von vier verschiedenen Arten von Bestrebungen und Tätigkeiten zugewiesen: **Bestrebungen, die gegen die freiheitliche demokratische Grundordnung**, den Bestand oder die Sicherheit des Bundes oder eines Landes gerichtet sind oder eine ungesetzliche Beeinträchtigung der Amtsführung der Verfassungsorgane des Bundes oder eines Landes oder ihrer Mitglieder zum Ziele haben, § 3 I Nr. 1 BVerfSchG; sicherheitsgefährdende oder **geheimdienstliche Tätigkeiten für eine fremde Macht** (im Geltungsbereich des BVerfSchG), § 3 I Nr. 2 BVerfSchG; Bestrebungen, die durch Anwendung von Gewalt oder darauf gerichtete Vorbereitungshandlungen **auswärtige Belange der Bundesrepublik Deutschland gefährden**, § 3 I Nr. 3 BVerfSchG; Bestrebungen, die gegen den Gedanken der Völkerverständi-

100 § 2 III, IV ThürVerfSchG. Als einziges Bundesland sieht Thüringen als persönliche Anforderung an den Präsidenten vor, dass dieser die Befähigung zum Richteramt besitzen soll (2 III S. 3 ThürVerfSchG, zur Praxis: *Müller*, Bloß kein zweiter Roewer, FAZ v.02.01.2016), während die Regelung in Hessen im Umkehrschluss nahelegt, dass gerade dies nicht erforderlich ist (§ 2 S 2. HVSG).

101 § 3 I BVerfSch: „*Aufgabe der Verfassungsschutzbehörden des Bundes und der Länder ist…*“

gung (Art. 9 II GG), insbesondere **gegen das friedliche Zusammenleben der Völker** (Art. 26 I GG) gerichtet sind, § 3 I Nr. 4 BVerfSchG.[102]

Teils wird hierzu in den Landesgesetzen lediglich **auf § 3 I BVerfSchG verwiesen** (bislang Bayern[103]) zumeist wird aber der **Wortlaut wiedergegeben** (Bremen[104], Baden-Württemberg[105], Brandenburg[106], Hamburg[107], Hessen[108], Mecklenburg-Vorpommern[109], Niedersachsen[110], Nordrhein-Westfalen[111], Rheinland-Pfalz[112], Saarland[113], Sachsen[114], Sachsen-Anhalt[115]). Das Landesverfassungsschutzgesetz Berlin weist eine rein redaktionelle Abweichung auf, da hier die §§ 3 I Nr. 3, 4 BVerfSchG in einem einzelnen Punkt zusammengefasst wiedergegeben werden.[116] 19

Aus diesem einheitlichen gesetzlichen Aufgabenkatalog folgt, dass alle Landesämter Strukturen und Organisationen beobachten, die denselben 20

102 § 3 I BVerfSchG: „*(1) Aufgabe der Verfassungsschutzbehörden des Bundes und der Länder ist die Sammlung und Auswertung von Informationen, insbesondere von sach- und personenbezogenen Auskünften, Nachrichten und Unterlagen, über*
1. Bestrebungen, die gegen die freiheitliche demokratische Grundordnung, den Bestand oder die Sicherheit des Bundes oder eines Landes gerichtet sind oder eine ungesetzliche Beeinträchtigung der Amtsführung der Verfassungsorgane des Bundes oder eines Landes oder ihrer Mitglieder zum Ziele haben,
2. sicherheitsgefährdende oder geheimdienstliche Tätigkeiten im Geltungsbereich dieses Gesetzes für eine fremde Macht,
3. Bestrebungen im Geltungsbereich dieses Gesetzes, die durch Anwendung von Gewalt oder darauf gerichtete Vorbereitungshandlungen auswärtige Belange der Bundesrepublik Deutschland gefährden,
4. Bestrebungen im Geltungsbereich dieses Gesetzes, die gegen den Gedanken der Völkerverständigung (Artikel 9 Abs. 2 des Grundgesetzes), insbesondere gegen das friedliche Zusammenleben der Völker (Artikel 26 Abs. 1 des Grundgesetzes) gerichtet sind.“

103 Art. 3 S. 1 BayVSG (a.F. in der n.F. mit Wortlautwiedergabe).

104 § 1 I BremVerfSchG.

105 § 3 II LVSG BW.

106 § 3 I BbgVerfSchG.

107 § 4 I HmbVerfSchG.

108 § 2 II HVSG.

109 § 5 I LVerfSchG M-V.

110 § 3 I NVerfSchG.

111 § 3 I VSG NRW.

112 § 5 LVerfSchG RhPf.

113 § 3 I SVerfSchG.

114 § 2 I SächsVSG.

115 § 4 I VerfSchG-LSA.

116 § 5 II Nr. 3 VSG Bln.

zentralen Beobachtungsfeldern zugeordnet werden (Rechtsextremismus, Linksextremismus, Islamismus und Ausländerextremismus ohne Islamismus). Dennoch bleibt innerhalb dessen ein gewisser, wenn auch geringer Spielraum für **abweichende Schwerpunktsetzungen**, was sich weniger aus abweichender Gesetzesinterpretation, als vielmehr aus abweichenden Sachlagen und Sachverhaltssubsumtionen ergibt. Dies wird z.B. bei der Frage der Beobachtung der **Scientology**-Organisation deutlich, die nicht in allen, sondern nur in einzelnen Bundesländern (Baden-Württemberg[117], Bayern[118], Berlin[119], Nordrhein-Westfalen[120]) erfolgt,[121] und der Beobachtung, ob **Salafismus** als fundamentalistische islamistische Ideologie gesondert behandelt wird (Baden-Württemberg[122], Bayern,[123] Hessen[124], Nordrhein-Westfalen[125]).

21 § 3 BVerfSchG beinhaltet keine vollständige, abschließende Aufzählung möglicher Beobachtungsfelder, sondern legt lediglich das **Mindestmaß an Beobachtungsfeldern** dar.[126] Einige Bundesländer haben über den Aufgabenkatalog des § 3 I BVerfSchG hinaus ihren jeweiligen Landesämtern noch die **Beobachtung der Organisierten Kriminalität** als Aufgabe zugewiesen (Bayern[127], Hessen[128], Saarland[129]). Obwohl die Zulässigkeit der Zuweisung eines solchen Beobachtungsfeldes teils strittig ist,[130] so ist - soweit diese Beobachtung auf die originären Aufgaben des Verfassungsschutzes zum Schutz vor Bestrebungen gegen die freiheitlich-demokratische Grundordnung beschränkt ist - diese landesrechtliche Auftragserweiterung jeden-

---

117 Verfassungsschutzbericht-BW 2020, S. 268 ff..

118 Verfassungsschutzbericht-Bay 2020, S. 286 ff..

119 Verfassungsschutzbericht-Bln 2020 (Pressefassung), S. 81 ff..

120 Verfassungsschutzbericht-NRW 2020, S 269ff..

121 Ebenso durch das BfV, Verfassungsschutzbericht 2020, S. 365 ff. Näher insg. dazu: *Albert*, DÖV 1997, S. 810-816; *Engelmann*, BayVBl. 1998, S. 358-363.

122 Verfassungsschutzbericht-BW 2020, S. 248 ff..

123 Verfassungsschutzbericht-Bay 2020, S. 48 ff..

124 Verfassungsschutzbericht Hess. 2020, S. 177 ff.,

125 Verfassungsschutzbericht- NRW 2020, S. 228 ff..

126 NDRecht-Hdb/*Warg* V § 1 Rn. 59; *Meiertöns* in: HdB SicherheitsR, § 18 Rn. 43.

127 Art. 3 S. 2 i.V.m. Art. 4 Abs 2. BayVSG.

128 § 2 II Nr. 5 i.V.m. § 3 II HVSG.

129 § 3 I S. 1 Nr. 4 i.V.m. § 5 I S. 1 Nr. 4 SVerfSchG; bis 2006 auch Sachsen und bis 2014 auch Thüringen; dazu: NDRecht-Hdb *Warg* V § 1 RdNr. 59; *Löffelmann/Zöller*, B. 43-44.

130 Für eine Zulässigkeit ohne gesetzliche Regelung: *Droste-Lehnen/Werthbach*, ZRP; gegen eine Anwendbarkeit von § 3 BVerfSchG: *Denninger* KritV 1994, differenzierend: *Gusy*, StV 1995, 320, 323 ff.

falls nicht zu beanstanden. Sie genügt im Wege einer verfassungskonformen Auslegung den Anforderungen des Trennungsgebotes.[131] In den Landesverfassungsschutzgesetzen von Sachsen[132] und Thüringen[133] war ein Beobachtungsauftrag zur organisierten Kriminalität vorhanden, wurde aber wieder gestrichen.

Vor dem historischen Hintergrund des - völkerrechtlich als fehlgeschlagener Sezessionsversuch zu qualifizierenden - Untergangs der DDR,[134] haben die 1990 dem Geltungsbereich des Grundgesetzes beigetretenen Bundesländer den Aufgabenbereich ihrer Landesämter erweitert[135]: Die Beobachtung fortwährender Strukturen und Tätigkeiten der **Aufklärungs- und Abwehrdienste der ehemaligen DDR** findet sich dort als Aufgabe in verschiedenen Landesverfassungsschutzgesetzen (Sachsen[136], Sachsen-Anhalt[137], Thüringen[138]). Die Landesverfassungsschutzgesetze von Mecklenburg-Vorpommern und Berlin wiesen entsprechende Auftragszuweisungen auf, die aber inzwischen gestrichen wurden.[139] 22

In systematisch engem Zusammenhang mit der Auftragsbeschreibung enthalten die meisten Landesverfassungsschutzgesetze, ebenso wie das BVerfSchG in § 4, **Begriffsbestimmungen** als Legaldefinitionen mit den zentralen Begriffen „Bestrebungen" (§ 4 I a-c BVerfSchG) und der „freiheitlichen demokratischen Grundordnung" (§ 4 II BVerfSchG). Diese entsprechen zumeist den Begriffsbestimmungen aus dem BVerfSchG (Baden-Württemberg[140], Berlin[141], Brandenburg[142], Bremen[143], Hamburg[144], 23

131 SächsVerfGH, Urt. v. 21.07.2005, NVwZ 2005, S. 1310, 1312.
132 § 2 I Nr 5 a.F. SächsVSG wurde gestrichen durch Art. 1 Nr. 2 des 2. Gesetzes zur Änderung des SächsVSG vom 28.4.2006.
133 § 2 I Nr. 5 a.F. ThürVerfSchG wurde bei der Neufassung des ThürVerfSchG im Jahr 2014 gestrichen.
134 *Dolzer* in Isensee/Kirchhoff Bd. I, (3. Aufl., 2003) § 13 S. 679 ff.; *Frowein* VVDStrRl, 1990, S. 8-38 (32).
135 Dazu: *Banzhaf*, Die Ämter für Verfassungsschutz, S.85-87. *Löffelmann/Zöller*, B. 45.
136 § 2 I Nr. 4 SächsVSG.
137 § 4 Abs. 1 Nr 2 VerfSchG-LSA.
138 § 4 Abs. 1 Nr. 5 ThürVerfSchG.
139 LVerfSchG M-V: § 5 I Nr. 2 a..F. LVerfSchG M-V; Berlin: § 5 II Nr. 4 a.F. VSG Bln.
140 § 4 LVSG BW.
141 § 6 VSG Bln.
142 § 4 BbgVerfSchG.
143 § 5 BremVerfSchG.
144 § 5 HmbVerfSchG.

Mecklenburg-Vorpommern[145], Niedersachsen[146], Nordrhein-Westfalen[147], Rheinland-Pfalz[148], Saarland[149], Sachsen[150], Sachsen-Anhalt[151], Schleswig-Holstein[152], Thüringen[153]) oder fallen sehr viel knapper aus, wobei die Definition des Aufklärungsziels „Organisierte Kriminalität“ im Vordergrund steht (Bayern[154], Hessen[155]). Die in Landesgesetzen enthaltenen Begriffsbestimmungen sind zum Teil in ansonsten nicht definierten Einzelaspekten sehr viel detaillierter als die des BVerfSchG (wie z.B. die Definition von „Gewalt“ in § 4 V NVerfSchG oder der „beachtlichen Bestrebung“ in § 6 IV LVerfSchG S-H). Neuer ist die Differenzierung zwischen „beobachtungsbedürftigen Bestrebungen“, „erheblich beobachtungsbedürftigen Bestrebungen“ und „gesteigert beobachtungsbedürftigen Bestrebungen“ (Bayern).[156] Mit Bezug zu dieser neuen Begrifflichkeit der **Beobachtungsbedürftigkeit** (Art. 4 II BayVSG n.F.) wird der in der nachrichtendienstlichen Praxis und Fachsprache etablierte Begriff der Beobachtung[157] in eine eigene Vorschrift aufgenommen (Art. 5a BayVSG n.F.; § 3 II, III HessVSG-E). Problematisch ist in dem Zusammenhang eine Differenzierung zur **erheblichen Beobachtungsbedürftigkeit** (§§ 3 II S. 1, 2 II HessVSG-E).[158]

II. Unterrichtung der Öffentlichkeit

24 Das BVerfSchG weist dem BfV in § 16 I BVerfSchG seit 2015[159] neben dem bis dahin allein für Öffentlichkeitsarbeit zuständigen Bundesministerium des Innern (siehe heute § 16 II BVerfSchG) eine ausdrückliche **Kom-**

---

145 § 6 LVerfSchG M-V.
146 § 4 NVerfSchG.
147 § 3 V und VI VSG NRW, anders als in den meisten Landesgesetzen nicht in einem eigenen § sondern als Teil von § 3 „Aufgaben“.
148 § 4 LVerfSchG RhPf.
149 § 5 SVerfSchG.
150 § 3 SächsVSG.
151 § 5 VerfSchG- LSA.
152 § 6 LVerfSchG S-H.
153 § 6 ThürVerfSchG.
154 Art. 4 BayVSG.
155 § 3 HVSG.
156 Art. 4 II und III BayVSG (n.F.)
157 *Meiertöns* in: HdB SicherheitsR, § 18 Rn. 60 m.w.N.
158 Krit. dazu *Dietrich*, Hess. LT (Ausschussvorlage INA 20/73), S. 94-95.
159 BGBl. I 2015, S. 1938.

petenz zur Unterrichtung der Öffentlichkeit zu.[160] Dies ist die zentrale Grundlage für die Erstellung und Veröffentlichung von Verfassungsschutzberichten. Dementsprechend enthalten die Landesverfassungsschutzgesetze aller Länder spezifische Normen zur Unterrichtung der Öffentlichkeit in Form von **Verfassungsschutzberichten** (Baden-Württemberg[161], Bayern[162], Berlin[163], Brandenburg[164], Bremen[165], Hamburg[166], Hessen[167], Mecklenburg-Vorpommern[168], Niedersachsen[169], Nordrhein-Westfalen[170], Rheinland-Pfalz[171], Saarland[172], Sachsen[173], Sachsen-Anhalt[174], Thüringen[175], Schleswig-Holstein[176]). Eine explizite Kompetenznorm für Informationsangebote zum Ausstieg aus verfassungsfeindlichen Bestrebungen, also das Betreiben von **Aussteigerprogrammen** durch ein Landesamt für Verfassungsschutz, ist nur in Brandenburg vorhanden.[177] Soweit Verfassungsschutzbehörden in anderen Bundesländern Aussteigerprogramme unterhalten (Niedersachsen,[178] Nordrhein-Westfalen[179]), kann die Kompetenz dafür nur auf allgemeine Normen zur Informationsarbeit als Kernelemente der Extremismus-Prävention gestützt werden.

Zudem konkretisiert das BVerfSchG in § 16 III die Voraussetzungen zur Verhältnismäßigkeit für die **Veröffentlichung personenbezogener Daten** im Verfassungsschutzbericht.[180] Während in den Landesverfassungsschutz- 25

160 Dazu: *Peitsch*, NVwZ 1998, S. 118; NDRecht-Hdb *Brandt*, VIII § 2, Rn 2 ff.
161 § 12 S. 1 LVSG BW.
162 Art. 26 II BayVSG.
163 § 26 S. 1 VSG Bln.
164 § 5 I BbgVerfSchG.
165 § 1 I S. 3, § 4 BremVerfSchG.
166 § 4 I S. 4, 5 HbgVerfSchG.
167 § 2 I S. 4 HVSG.
168 § 5 II LVerSchG M-V.
169 § 3 III S. 1, § 33 II S. 1 NVerSchG.
170 § 3 III S. 1 VSG NRW.
171 § 7 II LVerfSchG RhPf.
172 § 3 II S. 3, § 18 SVerfSchG.
173 § 15 S. 1 SächsVSG.
174 § 15 II VerSchG-LSA.
175 § 5 II S. 1 ThürVerfSchG.
176 § 21 II LVerfSchSchG S-H nur: *„Bei der Unterrichtung der Öffentlichkeit einschließlich der Medien ...“*
177 § 5 II BbgVerfSchG, allg. dazu: NDRecht-Hdb *Dietrich*, VI § 2 Rn. 59.
178 Aktion Neustart - Das Aussteigerprogramm "Extremismus".
179 Aussteigerprogramm Rechtsextremismus – Spurwechsel.
180 NDRecht-Hdb *Brandt* Rn 32 ff. insb. 34.

gesetzen der meisten Länder (Baden-Württemberg[181], Bayern[182], Berlin[183], Bremen[184], Mecklenburg-Vorpommern[185], Niedersachsen[186], Saarland[187], Sachsen[188], Sachsen-Anhalt[189], Schleswig-Holstein[190], Thüringen[191]) hierzu allgemeinere Vorschriften enthalten sind, die den Kriterien des § 16 III BVerfSchG entsprechen, werden teilweise hierzu **landesrechtliche zusätzliche Kriterien** für die Veröffentlichung verlangt. So wird in Brandenburg[192] und Hamburg[193] zudem verlangt, dass die Bekanntgabe personenbezogener Daten zur sachgerechten Information „zwingend erforderlich" ist. Hinzu tritt in Mecklenburg-Vorpommern[194] eine Pflicht zur einzelfallabhängigen Vorabprüfung, ob eine Benachrichtigung einer betroffenen Person oder eines Dritten geboten ist. In Thüringen ist vor einer erstmaligen Veröffentlichung dem Landesbeauftragten für Datenschutz Gelegenheit zur Stellungnahme zu geben.[195] Eine ungewöhnliche Konstruktion wählen hierzu Nordrhein-Westfalen, Rheinland-Pfalz und Hessen, wo keine spezifische landesrechtliche Kompetenznorm zur Veröffentlichung personenbezogener Daten niedergelegt wird, aber die Regelung zur entsprechenden Anwendung des Bundesdatenschutzgesetzes (§ 31 VSG NRW) bzw. des Landesdatenschutzgesetzes (§ 39 LVerfSchG RhPf) bzw. des Hessischen Datenschutz- und Informationsfreiheitsgesetzes (§ 15 HVSG) durch eine Übermittlungsvorschrift (§ 17 VSG NRW, §§ 27, 28 LVerfSchG RhPf, §§ 22,23 HVSG) teilweise gesperrt wird.

26 Die Verfassungsschutzgesetze einiger Bundesländer enthalten zudem eine spezielle Norm zur **Veröffentlichung des Verfassungsschutzberichts im**

181 § 12 S. 3 LVSG BW.
182 Art. 26 III BayVSG.
183 § 26 S. 2 VSG Bln.
184 § 22 BremVerfSchG.
185 § 22 LVerfSchG M-V, beachte § 22 S. 2. LVerfSchG M-V.
186 § 33 III NVerfSchG.
187 § 18 I SVerfSchG.
188 § 15 S. 2 SächsVSG.
189 § 15 III VerfSchG-LSA.
190 § 21 II LVerfSchG S-H.
191 § 5 II S. 3 ThürVerfSchG, beachte § 5 II S. 4 ThürVerfSchG.
192 § 5 I S. 2 BbgVerfSchG.
193 § 18 HmbVerfSchG.
194 § 22 S. 2 LVerfSchG M-V.
195 § 5 II S. 4 ThürVerfSchG.

Internet (Hessen[196], Schleswig-Holstein[197], Thüringen[198]). Diese vornehmlich als zeitliche, datenschutzrechtliche Begrenzung gedachten Regelungen[199] hindern aber nicht Dritte, wie z.B. Landesbibliotheken, daran, Verfassungsschutzberichte online zu veröffentlichen. Dadurch erscheint bereits die Annahme, ein solcher Bericht sei „löschbar" fraglich .[200]

III. Mitwirkungsaufgaben

27 Aus § 3 II BVerfSchG folgen verschiedene **Mitwirkungspflichten** sowohl des BfV als auch der Landesämter gegenüber anderen Behörden.[201] Darunter fallen Sicherheitsüberprüfungen von Personen nach dem SÜG und in sonstigen gesetzlich bestimmten Fällen (§ 3 II Nr. 1, 2, 4 BVerfSchG), technische Sicherheitsmaßnahmen (§ 3 II Nr. 3 BVerfSchG) und **Geheimschutzbetreuung** nicht öffentlicher Stellen (§ 3 II Nr. 5 BVerfSchG.)[202]

28 Diese Mitwirkungsaufgaben werden in unterschiedlichem Maße **in den Landesverfassungsschutzgesetzen erneut niedergelegt**: Teils wird nur ausgeführt, dass das Landesamt mitwirkt bei Sicherheitsüberprüfungen und Überprüfungen nach § 3 II S. 1 BVerfSchG.[203] Teils wird, ähnlich wie im Fall von § 3 I BVerfSchG, der Wortlaut des § 3 II BVerfSchG im Wesentlichen wiedergegeben (Brandenburg[204] , Bremen[205] Nordrhein-Westfalen[206], Rheinland-Pfalz[207], Sachsen-Anhalt[208], Schleswig-Holstein[209]). Teils werden die **weiteren Mitwirkungsaufgaben**, z.B. sicherheitsmäßige Überprüfung von Einbürgerungsbewerbern, bei Erteilung von Aufenthaltstiteln

---

196 § 2 I S. 5 HVSG.
197 § 21 III LVerfSchG S-H.
198 § 5 III ThürVerfSchG.
199 *Droste*, HbB-VerfSchR S. 458, Fn. 1451.
200 NDRecht-Hdb *Brandt*, VIII § 2, Rn. 32
201 § 3 II BVerfSchG: „*Die Verfassungsschutzbehörden des Bundes und der Länder wirken mit …*".
202 Insg. dazu: NDRecht-Hdb *Warg*, V § 4.
203 § 2 III HVSG.
204 § 3 II BbgVerfSchG.
205 § 3 III BremVerfSchG.
206 § 3 IV VSG NRW.
207 § 6 LVerfSchG RhPf.
208 § 4 II VerfSchG-LSA.
209 § 5 II LVerfSchG S-H.

nach dem AufenthG[210] oder **Zuverlässigkeitsüberprüfungen** von Personen nach Waffen-, Sprengstoff- und Jagdrecht, dem Atomgesetz[211], Luftsicherheitsgesetz[212] und Gewerbeordnung ausführlich aufgezählt (Baden-Württemberg[213]), zusätzlich zu den Aufgaben nach § 3 II BVerfSchG erwähnt (Berlin[214], Niedersachsen[215], Sachsen[216]) oder zu den Mitwirkungsaufgaben nach dem SÜG verwiesen (Mecklenburg-Vorpommern[217], Saarland[218], Thüringen[219]). Keine gesonderte Erwähnung als solche finden bislang Mitwirkungsaufgaben im bayerischen Landesverfassungsschutzgesetz.[220]

---

210 §§ 73, 73 a, 73 b Aufenthaltsgesetz-AufenthG vom 25.02.2008 (BGBl. I S. 162) i.d.F. vom 21.12.2022 (BGBl. I S. 2847).

211 § 12 b Atomgesetz vom 15.07.1985 (BGBl. I S. 1565) i.d.F. vom 4.12.2022 (BGBl. I S. 2153).

212 § 7 LuftSiG vom 11.01.2005 (BGBl. I S. 78 i.d.F. vom 22.04.2020 BGBl. I S. 840).

213 § 3 III-IV LVSG BW.

214 § 5 III Nr. 4 VSG Bln.

215 § 3 IV NVerfSchG.

216 § 2 II SächsVSG.

217 § 5 III Nr. 1 LVerfSchG M-V außerdem mit pauschalem Verweis auf „*Zulässigkeitsüberprüfungen in den übrigen gesetzlich bestimmten Fällen*“ und „*technischen Sicherheitsmaßnahmen*“ in § 5 III Nr. 2.

218 § 4 SVerfSchG mit Verw. auf das SaarlSÜG.

219 § 4 II ThürVerfSchG mit Verw. auf ThürSÜG.

220 Hierzu aber: Art. 25 II S. 2 Nr. 1 BayVSG n.F..

C. Befugnisse

Gerade die den Nachrichtendiensten eingeräumten besonderen Befugnisse unterscheiden diese hinsichtlich ihrer Arbeitsweise von anderen Sicherheitsbehörden, insbesondere von Polizeibehörden.[221] Gesetzliche Befugnisse der Landesverfassungsschutzbehörden lassen sich unterscheiden nach **Befugnissen zur Informationserhebung, -verarbeitung und -übermittlung**. Auch wenn hier grundsätzliche strukturelle Übereinstimmungen bestehen, so weisen die Befugnisse der einzelnen Landesverfassungsschutzbehörden in der Ausgestaltung im Detail erhebliche Unterschiede auf. Gerade in diesem Regelungsfeld sind erheblichen Änderungen zu erwarten. 29

I. Informationserhebung

Den Landesbehörden für Verfassungsschutz sind umfassende Befugnisse zur Informationserhebung eingeräumt. Diese unterscheiden sich häufig nur in Nuancen von den dem BfV eingeräumten Befugnissen. Da die Maßnahmen zur Informationserhebung nicht wie im Polizeirecht zur Abwendung einer Gefahr, sondern allein auf Informationsgewinnung abzielen, können Adressaten von Maßnahmen zur Informationserhebung auch **nicht als nachrichtendienstlicher „*quasi*-Störer“** angesehen werden.[222] Anders als im Polizeirecht ist hier nicht die Verantwortlichkeit für oder Nähe zu einer Gefahr maßgebend, [223] sondern allein die **Nachrichtenfähigkeit**, im Sinne eines Verfügens über Informationen,[224] wofür die betroffene Person aber ein Potential aufweisen muss.[225] 30

Zunehmend ausdifferenzierter werden die verfassungsgerichtlichen Vorgaben zu Eingriffsschwellen für die nachrichtendienstliche Datenerhebung.[226] Nach der Verfassungsrechtsprechung wird eine generelle **Begrenzung des** 31

221 Dazu *Meiertöns* in: HdB SicherheitsR, § 18 Rn. 67 ff.
222 *Meiertöns* in: HdB SicherheitsR, § 18 Rn. 67.
223 *Götz/Geis* PolR, § 9 Rn 4-9.
224 *Lindner/Unterreitmeier*, DÖV 2019, S. 165-175 (173).
225 BVerfGE, 144, 20, Rn. 585 ff; BVerfG, NVwZ 2018, 1788, Rn. 109.
226 *Schneider*, NVwZ 2021, 1646 ff.; *Löffelmann*, GSZ 2023, GSZ 2023, S. 92 ff..

Kreises zulässiger Überwachungsadressaten gefordert.[227] Hierzu wird in der Neufassung im BayVSG eine Regelung getroffen, welche die Adressatenbestimmung für den Einsatz aller nachrichtendienstlichen Mittel „vor die Klammer“ zieht, sofern das Mittel keine spezielle Regelung enthält. [228] Da ein Informationseingriff besonders schwer wiegt, wenn er sich gegen **Personen richtet, die selbst nicht Teil der Bestrebung sind,**[229] sind in Abhängigkeit vom Eingriffsgewicht differenzierte Eingriffsschwellen vorzusehen, die insbesondere berücksichtigen, dass der Grundrechtseingriff bei längerer Dauer immer schwerer wiegt.[230]

1. Vertrauens- oder V-Personen (Menschliche Quellen)

32 Der Begriff V-Person bezeichnet **Personen außerhalb der Verfassungsschutzbehörden**, die aufgrund ihrer Zugehörigkeit oder Nähe zu einem Beobachtungsobjekt über vertrauliche, geheim gehaltene Interna mit verfassungsschutzrechtlicher Relevanz berichten können (Nachrichtenfähigkeit). Sie werden i.d.R. auf längere Zeit ohne Kenntnis des beobachteten Zielobjektes, also der aufzuklärenden Organisation oder Person, als V-Personen geführt.[231]

33 Auch wenn die Praxis des Einsatzes von **V-Personen** wiederholt Gegenstand eingehender Kritik in den Medien[232] und aus dem parlamentarischen Raum war,[233] so bleibt der Einsatz von V-Personen für die deutschen Nachrichtendienste eine zentral wichtige Informationsquelle der Inlandsaufklärung. Das **Rechtsverhältnis zwischen Verfassungsschutzbehörde und Vertrauensperson** lässt sich nur schwerlich mit einem Arbeitsverhältnis vergleichen, auch wenn V-Personen häufig als „freie Mitarbeiter“ der Verfassungsschutzbehörden beschrieben werden.[234] Zutreffender erscheint

227 *BVerfG*, Urt. v. 26.04.2022 – 1 BvR 1619/17 = NJW 2022, 1583 – Rn. 345 ff., 397.
228 Art. 8 III BayVSG, n.F..
229 *BVerfG*, Urt. v. 26.04.2022 – 1 BvR 1619/17 = NJW 2022, 1583 – Rn. 341
230 *BVerfG*, Urt. v. 26.04.2022 – 1 BvR 1619/17 = NJW 2022, 1583 – Rn. 343.
231 *Roth* in Schenke/Graulich/Ruthig, BVerfSchG § 8 Rn. 26.
232 Z.B. *Remmelsberger* in SZ v. 15.11.2017, Der V-Mann-Verdacht.
233 Z.B. BT-Untersuchungsausschuss „NSU I“ BT-Drs. 17/14600, insb. S. 856 ff.; BT-Untersuchungsausschuss „Breitscheidplatz“, BT-Drs. 19/30800, insb. S. 876 f., 1195 ff., 1258 ff.; BT-Drs. 19/25248.
234 *Roth* in Schenke/Graulich/Ruthig, BVerfSchG § 8 Rn. 26; *Zimmermann* in: HdB SicherheitsR„ § 28 Rn. 42-44.

hingegen eine Bezeichnung als Verwaltungshelfer im Außenverhältnis, die auf Grundlage eines zivilrechtlichen Vertrages *sui generis* im Innenverhältnis zur Verfassungsschutzbehörde tätig werden.[235]

Grundsätzlich enthalten alle Landesverfassungsschutzgesetze die Befugnis zum Einsatz von V-Personen. Hierbei erfolgt eine **enge Anlehnung an die bundesgesetzlichen Vorschriften der §§ 9 a, 9 b BVerfSchG,** die für das BfV hierzu einschlägig sind (Baden-Württemberg[236], Bayern[237], Brandenburg[238], Bremen[239], Hamburg[240], Hessen[241], Mecklenburg-Vorpommern[242], Niedersachsen[243], Nordrhein-Westfalen[244], Rheinland-Pfalz[245], Sachsen-Anhalt[246]), teils fällt diese eher lose aus (Berlin[247], Saarland[248], Sachsen[249], Schleswig-Holstein[250], Thüringen[251]). 34

Mehrere Bundesländer haben in den jeweiligen Landesgesetzen spezifische Bedingungen für den Einsatz von V-Personen aufgestellt. Diese Bedingungen knüpfen teils identisch an **die V-Person betreffenden Merkmale** nach § 9 b II BVerfSchG an (Baden-Württemberg[252], Bayern[253], Brandenburg[254], Bremen[255], Hamburg[256], Hessen[257], Mecklenburg-Vorpommern[258], Nieder- 35

235 *Droste*, HbB-VerfSchR, S. 269; NDRecht-Hdb/*Dietrich* VI § 2 Rn 69-72.
236 §§ 6 a, 5a I LVSG BW.
237 Art. 19, 18 I - III a.F. BayVSG, nach *BVerfG*, Urt. v. 26.04.2022 – 1 BvR 1619/17 = NJW 2022, 1583, Rn. 337 ff., 349 ff. verfassungswidrig.
238 §§ 6 III Nr. 1; 6 b, 6 a BbgVerfSchG.
239 §§ 8 I Nr. 1; 8 b BremVerfSchG.
240 §§ 8 II Nr. 2; 8 a II HmbVerfSchG.
241 §§ 5 II Nr. 6; 13 HVSG.
242 §§ 10 I Nr.1; 10 a LVerfSchG M-V.
243 §§ 14 I Nr. 6; 16 NVerfSchG.
244 §§ 5 II Nr. 1; 7 VSG NRW.
245 § 11 LVerfSchG RhPf.
246 §§ 7 III Nr. 1; 8 b VerfSchG-LSA.
247 § 8 II Nr. 1, V VSG Bln.
248 § 8 I SVerfSchG.
249 § 5 I SächsVSG.
250 § 8 II S. 3 Nr. 1, VI LVerfSchG S-H.
251 §§ 10 I Nr. 1; 12 ThürVerfSchG.
252 § 6 a II LVSG BW.
253 Art. 19 II BayVSG, a.F.
254 § 6 b II BbgVerfSchG.
255 § 8 b I BremVerfSchG.
256 § 8 a II HmbVerfSchG.
257 § 13 II HVSG.
258 § 10 a III LVerfSchG M-V.

sachsen[259], Nordrhein-Westfalen[260], Rheinland-Pfalz[261], Sachsen-Anhalt[262], Thüringen[263]): Danach dürfen Personen nicht als Vertrauenspersonen angeworben werden, die nicht voll geschäftsfähig, insbesondere minderjährig sind, von den Geld- oder Sachzuwendungen für die Tätigkeit auf Dauer als alleinige Lebensgrundlage abhängen würden, an einem Aussteigerprogramm teilnehmen, Mitglied des Europäischen Parlaments, des Deutschen Bundestages, eines Landesparlaments oder Mitarbeiter/in eines solchen Mitglieds sind oder im Bundeszentralregister mit einer Verurteilung wegen eines Verbrechens oder einer Freiheitsstrafe, deren Vollstreckung nicht zur Bewährung ausgesetzt worden ist, eingetragen sind, wobei in Bremen[264], Niedersachsen[265] und Nordrhein-Westfalen[266] darauf abgestellt wird, dass keine Straftatbestände von besonderer Bedeutung, die im Einzelnen aufgelistet sind, vorliegen.

36 Vereinzelt wird dieser **Katalog noch dahingehend erweitert,** dass der Einsatz von V-Personen zur Aufgabenerfüllung erforderlich sein muss (Nordrhein-Westfalen[267], Bremen[268]) - eine eigentlich redundante, da schon nach Verhältnismäßigkeitsmaßstäben verfassungsrechtlich zwingende Voraussetzung – [269] und in Bremen noch hinzugefügt, dass die Geld- und Sachzuwendungen für die Tätigkeit als V-Person nicht zur erheblichen Finanzierung des Beobachtungsobjektes beitragen.[270]

37 Andere Bundesländer wiederum **verzichten auf die Wiedergabe des entsprechenden Katalogs** und es wird für die näheren Voraussetzungen für die Anwendung der nachrichtendienstlichen Mittel auf Verwaltungs- bzw. Dienstvorschriften verwiesen (Berlin[271], Saarland[272], Sachsen[273]).

---

259 § 16 I NVerfSchG.
260 § 7 I VSG NRW.
261 § 11 LVerfSchG RhPf.
262 § 8 b VerfSchG-LSA.
263 § 12 II – V ThürVerfSchG, jedoch ohne Erwähnung von Abgeordneten.
264 § 8 b I Nr. 4 BremVerfSchG: *erheblicheBedeutung.*
265 § 16 I Nr. 2 NVerfSchG, Abs. VI: Auflistung der Straftaten von besonderer Bedeutung.
266 § 7 I Nr. 4 VSG NRW: Verweis auf § 8 III des Polizeigesetzes NRW.
267 § 7 I Nr. 1 VSG NRW.
268 § 8 b I Nr. 1 BremVerfSchG.
269 *Schatzschneider*, ZRP 1988, S. 20-24.
270 § 8 b I Nr. 6 BremVerfSchG.
271 § 8 V VSG Bln.
272 § 8 I SVerfSchG.
273 § 5 I SächsVSG.

In einigen Landesverfassungsschutzgesetzen wird zudem eine Beschränkung der Werbung von V-Personen darauf erstreckt, dass Personen, denen ein **Zeugnisverweigerungsrecht nach §§ 53 und 53 a StPO** zukommt, nicht zur Informationsbeschaffung in Anspruch genommen werden dürfen (Berlin[274], Brandenburg[275], Mecklenburg-Vorpommern[276], Niedersachsen[277], Rheinland-Pfalz[278], Thüringen[279]). Diese Anknüpfung an die aus einem anderen Regelungszusammenhang entlehnten Regelungen zum Schutz von Vertraulichkeitsbeziehungen[280] wird als wenig hilfreich angesehen um kontextabhängigen Schutzbedürfnissen zu genügen.[281] 38

Für den Einsatz von Vertrauensleuten gelten nach dem BVerfG im Grundsatz die **gleichen verfassungsrechtlichen Anforderungen wie beim Einsatz Verdeckter Mitarbeiter** hinsichtlich der Eingriffsschwellen, der Wahl des Adressatenkreises und der unabhängigen Kontrolle.[282]. Hierzu nimmt die bayerische Neuregelung Bezug auf das Anordnungsregime für verdeckte Mitarbeiter[283] (s.u. Rn. 42). 39

2. Verdeckte Mitarbeiter (sog. „Under Cover Agents")

Den Einsatz von verdeckten Mitarbeitern (auch Under Cover Agents, UCA) nach § 9 a BVerfSchG, hat der Bundesgesetzgeber – offenbar stark von einem polizeilichen Denken geprägt – **als nachrichtendienstliches quasi-Äquivalent zum polizeilichen verdeckten Ermittler** nach § 110 a II StPO geschaffen. Hierbei handelt es sich um Beamte (bei § 110 a II des Polizeidienstes, bei hauptberuflich Beschäftigten der Verfassungsschutzbehörden), die unter einer ihnen verliehenen, auf Dauer angelegten veränderten Identität **(Legende)** ermitteln und unter dieser Legende am Rechtsverkehr 40

274 § 8 II S. 2 VSG Bln.
275 § 6 III 2 und 3 BbgVerfSchG.
276 § 10 a III Nr. 6 LVerfSchG M-V.
277 § 16 II S. 2 NVerfSchG.
278 § 11 II Nr. 6 LVerfSchG RhPf.
279 § 12 II ThürVerfSchG.
280 Siehe auch Neuregelung § 11 IV S. 1 Nr. 2 HessVSG-E.
281 *Löffelmann/Zöller*, A. Rn. 103-104. Zu alternativen Regelungsansätzen *Dietrich*, Hess. LT (Ausschussvorlage INA 20/73), S. 102-103.
282 *BVerfG*, Urt. v. 26.04.2022 – 1 BvR 1619/17, = NJW 2022, 1583 – Rn. 349 ff., 397.
283 Art. 18 I-IV BayVSG n.F..

teilnehmen dürfen.[284] Dieses - polizeilich wohl häufiger genutzte Mittel - beschreibt eine unter einer Legende in eine zu beobachtende Organisation oder Szene eingeschleuste Person, die in dieser zur Erkenntnisgewinnung längere Zeit tätig wird oder gar dauerhaft lebt. Was in nachrichtendienstlicher Terminologie eher als eine **Deep-Cover-Operation** bezeichnet würde,[285] dürfte - trotz rechtlich eingeräumter Möglichkeit - in der deutschen nachrichtendienstlichen Praxis eher äußert selten sein. Dennoch weisen die meisten Landesverfassungsschutzgesetze ausdrücklich eine entsprechende Befugnis zum Einsatz verdeckter Mitarbeiter auf (Baden-Württemberg[286], Bayern[287], Brandenburg[288], Bremen[289], Hamburg[290], Hessen[291], Mecklenburg-Vorpommern[292], Niedersachsen[293], Nordrhein-Westfalen[294], Rheinland-Pfalz[295], Sachsen-Anhalt[296], Schleswig-Holstein[297]).

41 **Keine ausdrückliche Regelung für verdeckte Ermittler** enthalten lediglich vier Landesgesetze, in denen eine beispielhafte Aufzählung der nachrichtendienstlichen Mittel erfolgt (Thüringen[298]) und hierzu auf eine Verwaltungsvorschrift bzw. **auf eine Dienstvorschrift verwiesen** wird, welche die Anwendung regeln soll (Berlin[299], Saarland[300], Sachsen[301]).

42 Der **erhöhten Eingriffsschwelle für den Einsatz verdeckter Mitarbeiter** trägt die bayerische Neuregelung Rechnung, indem vorausgesetzt wird, dass deren Einsatz mindestens der Aufklärung einer „erheblich beobachtungsbe-

284 NDRecht-Hdb/ *Dietrich* VI § 2 Rn 32.
285 *Scott*, Human Intelligence, in R. Dover et all. (Hrsg.), Routledge Companion to Intelligence Studies, 2014, S. 96 (98-104).
286 §§ 5 a I; 6 a LVSG BW.
287 Art. 18 BayVSG a.F., nach *BVerfG*, Urt. v. 26.04.2022 – 1 BvR 1619/17, = NJW 2022, 1583 Rn. 337 ff. verfassungswidrig.
288 §§ 6 III Nr. 1; 6 a BbgVerfSchG.
289 § 8 I Nr. 2, II – VII, VIII BremVerfSchG.
290 §§ 8 II Nr. 1; 8 a I HmbVerfSchG.
291 §§ 5 II Nr. 6; 12 HVSG.
292 §§ 10 I Nr. 2; 10 a LVerfSchG M-V.
293 §§ 14 I Nr. 9; 15, 18 NVerfSchG.
294 §§ 5 II Nr. 1; 7 VSG NRW.
295 § 10 LVerfSchG RhPf.
296 §§ 7 III Nr. 1; 8 a VerfSchG-LSA.
297 § 8 II S. 3 Nr. 1, VI LVerfSchG S-H.
298 §§ 10 I Nr. 1; 12 I Nr. 4 ThürVerfSchG.
299 § 8 II Nr. 1, V VSG Bln.
300 § 8 I SVerfSchG.
301 § 5 I SächsVSG.

dürftigen Bestrebung oder Tätigkeit" dient[302] (s.o. Rn. 23) Bei einem längerfristigen Einsatz von verdeckten Mitarbeitern, fordert das BVerfG vorab eine unabhängige Kontrolle durch eine externe Stelle, die zudem regelmäßig wiederholt werden muss.[303] Hierzu sieht die bayerische Neuregelung einen **Richtervorbehalt**[304] und eine im jährlichen Abstand erfolgende richterliche Wiederholungsprüfung vor. Näheres regelt ein eigenes Kapitel zur richterlichen Entscheidung, das die **Zuständigkeit für richterliche Entscheidungen** nach dem Landesverfassungsschutzgesetz dem Amtsgericht am Sitz des Landesamts zuweist.[305] Das Gericht kann sich hierbei der Unterstützung von Beschäftigten des Landesamts bedienen. Gesetzlich ist daher eine **unterstützende Datenprüfstelle** beim Landesamt als eigene Organisationseinheit vorgesehen, um den mit der Vorbereitung der gerichtlichen Entscheidungen verbunden Verfahrensaufwand zu bewerkstelligen. Diese übt ihre Tätigkeit im Rahmen der Weisungen des Gerichts unabhängig und in eigener Verantwortung aus, auch wenn sie von einem eigens dazu bestellten Beamten des Landesamts geleitet wird.[306] Die zeitliche Grenze für einen **kurzzeitigen Einsatz** zieht die bayerische Neuregelung bei einer Dauer von bis zu sechs Monaten.[307] Für den kurzzeitigen Einsatz ist wegen der noch geringen Eingriffsintensität keine Vorabkontrolle durch eine unabhängige Stelle geboten.[308]

3. Überwachung des Brief-, Post- und Fernmeldeverkehrs

Auf Grundlage der Befugnisnormen nach den §§ 1 I, 3 I, 9 II Nr. 2 aus dem 43
Gesetz zur Beschränkung des Brief-, Post- und Fernmeldegeheimnisses (Artikel 10-Gesetz – G 10) sind alle Landesämter für Verfassungsschutz zur Überwachung des Brief-, Post- und Fernmeldeverkehrs befugt.

---

302 Art. 18 I S. 2 i.V.m. Art. 4 II Nr. 2 BayVSG n.F.. ebenso 12 I S. 2 i.V.m. § 3 II S. 1 HessVSG-E.

303 BVerfG, Urt. v. 26.04.2022 – 1 BvR 1619/17 = NJW 2022, 1583 – Rn. 348.

304 Zu den Grenzen des Richtervorbehalts im Nachrichtendienstrecht: *Weisser*, DÖV 2014, 831-835, über die Rspr.-Erfordernisse hinausgehend insofern: § 12 III HessVSG-E.

305 Kap. V., Art. 29-31 BayVSG n.F..

306 Art. 31 BayVSG n.F., ebenso § 5 a HessVSG-E; Krit. dazu *Dietrich*, Hess. LT (Ausschussvorlage INA 20/73), S. 96-98

307 Art. 18 BayVSG Abs. 1 Satz 2 n.F..

308 In dem Fall besteht ein Behördenleitervorbehalt, Art. 18 IV BayVSG n.F..

44 Einzelne Landesverfassungsschutzgesetze nennen zudem noch **weitere Befugnisnormen für die Überwachung des Brief-, Post- und Fernmeldeverkehrs** (Baden-Württemberg[309], Bayern[310], Berlin[311], Brandenburg[312], Bremen[313], Hamburg[314], Mecklenburg-Vorpommern[315], Niedersachsen[316], Nordrhein-Westfalen[317], Sachsen[318], Sachsen-Anhalt[319], Schleswig-Holstein[320], Thüringen[321].) Diese Befugnisse treten jeweils neben die Befugnisse, wie sie sich aus dem Artikel 10-Gesetz ergeben, jedoch können sich daraus keine zusätzlichen Ermächtigungen ergeben, denn hier sind allein die bundesgesetzlichen Regelungen aus dem Artikel 10-Gesetz maßgebend.[322] Deren Umsetzung erfolgt jedoch in den Bundesländern auf unterschiedliche Art und Weise[323] (näher dazu siehe u. D. III.).

4. Online-Durchsuchung

45 Onlinedurchsuchung beschreibt den heimlichen Zugriff auf sog. „informationstechnische Systeme" (IT-Systeme) oder umgangssprachlich „Computer". Durch eine „Online-Durchsuchung" kann unbemerkt sowohl auf die **in dem System gespeicherten Daten** zugegriffen werden als auch das Nutzungsverhalten überwacht werden.[324] Nordrhein-Westfalen schuf 2007 mit § 5 II Nr. 11 Satz 1 Alt. 2 [a.F.] VSG NRW die erste gesetzliche Grundlage für Online-Durchsuchungen in Deutschland. Diese Regelung wurde 2008 vom

---

309 § 6 I LVSG BW.
310 Art. 13 II BayVSG.
311 § 8 II Nr. 11 VSG Bln.
312 § 7 III BbgVerfSchG.
313 § 8 IV BremVerfSchG.
314 § 8 II Nr. 12 HmbVerfSchG.
315 § 10 I Nr: 12 LVerfSchG M-V.
316 § 14 I Nr. 10, 12 NVerfSchG.
317 § 5 II Nr. 10, 11 VSG NRW. Besonderheit i.V.m. § 7 a VSG NRW, dazu: NDRecht-Hdb/ *Löffelmann* VI § 4 Rn 94.
318 § 5 a SächsVSG.
319 § 8 II VerfSchG-LSA.
320 § 8 II S. 3 Nr. 4 LVerfSchG S-H.
321 § 10 I Nr. 6, 7 ThürVerfSchG.
322 NDRecht-Hdb/ *Löffelmann* VI § 4 Rn 15.
323 *Löffelmann/Zöller*, B. Rn. 129
324 *Schneider*, Rechtliche Rahmenbedingungen für die Vornahme von Online-Durchsuchungen 2012, S. 6-16.

Bundesverfassungsgericht teilweise für verfassungswidrig erklärt[325], 2013 vollständig aus dem Gesetz gestrichen und ausdrücklich aufgeführt „… *eine Online-Durchsuchung ist ausgeschlossen.*“[326]

Onlinedurchsuchung ist in polizeilichem Zusammenhang als Befugnis geläufiger als in einem nachrichtendienstlichen. Das BKA ist gemäß § 49 BKAG zu Online-Durchsuchungen befugt. Ebenso enthalten das bayerische Polizeiaufgabengesetz[327] und das rheinland-pfälzische Polizei- und Ordnungsbehördengesetz[328] Befugnisse zur Onlinedurchsuchung. Als einziges LVerfSchG weist das bayerische die ausdrückliche Befugnis zur **Onlinedurchsuchung durch ein LfV** auf.[329] Diese bisherige bayerische Regelung ist gemäß dem Urteil des BVerfG vom 26. April 2022 für verfassungswidrig erklärt worden.[330] 46

Aufgrund der Schwere des Eingriffs muss bei Maßnahmen der Wohnraumüberwachung und Online-Datenerhebung der **Beobachtungsbedarf der höchsten Stufe** (gemäß der Terminologie der Bund-Länder-Arbeitsgruppe „besonders gesteigert beobachtungsbedürftig“) vorliegen. Diese Online-Datenerhebung hat das BVerfG von den spezifisch nachrichtendienstlichen Erhebungsschwellen ausgenommen und an dieselben Eingriffsvoraussetzungen gekoppelt, wie sie an polizeiliche Maßnahmen gestellt werden.[331] Die Neuregelung des BayVSG sieht die Befugnis zur Online-Datenerhebung nur zur Abwehr einer mindestens konkretisierten Gefahr für besonders gewichtige Rechtsgüter vor.[332] 47

5. Quellen-Telekommunikationsüberwachung

Eine besondere Form der Telekommunikationsüberwachung ist die Quellen-TKÜ. Sie dient der Überwachung einer Kommunikation von Programmen, die standardmäßig eine **Verschlüsselung** von Kommunikationsdaten und -inhalten vornehmen. Im Zuge der Quellen-TKÜ wird die Kommuni- 48

325 *BVerfG*, Urt. v. 27.02.2008 – 1 BvR 370/07.
326 § 5 II Nr. 11 VSG NRW.
327 Art. 45 PAG.
328 § 39 POG RhPf.
329 Art. 10 BayVSG a.F.
330 *BVerfG*, Urt. v. 26.04.2022 – 1 BvR 1619/17 = NJW 2022, 1583, Rn.307 ff.
331 *BVerfG*, Urt. v. 26.04.2022 – 1 BvR 1619/17 = NJW 2022, 1583 – Rn. 165 ff., 176 ff.
332 Art. 10 I BayVSG n.F.

kation „an der Quelle", erfasst vor oder nach deren Verschlüsselung. Für diese verdeckte Überwachung bedarf es einer speziellen Überwachungssoftware, die auch als sog. **„Staatstrojaner"** bezeichnet wird.[333] Bundesgesetzlich erlaubt das Gesetz zur Anpassung des Verfassungsschutzrechts vom 10. Juni 2021[334] künftig allen Nachrichtendiensten den Einsatz der reinen und der erweiterten Quellen-Telekommunikationsüberwachung (Quellen-TKÜ).[335]

49 Eine ausdrückliche Befugnis für Maßnahmen der Quellen-TKÜ ist **in den LVerfSchG selten.** Dies wird u.a. mit Verweis darauf begründet, dass es sich bei nachrichtendienstlicher TKÜ in erster Linie um eine bundesgesetzliche Materie handelt (Artikel 10-Gesetz), diese Form der Überwachung bereits auf Landesebene polizeilich geregelt sei und eine Anwendung im Gefahrenvorfeld als unverhältnismäßig angesehen werde.[336] Mit dem vom Bundestag am 10. Juni 2021 verabschiedeten Gesetz zur Anpassung des Verfassungsschutzrechts[337] haben die Nachrichtendienste des Bundes und die Verfassungsschutzbehörden der Länder die Befugnis zur Quellen-TKÜ. Mit Ausnahme von Baden-Württemberg[338], Bayern[339] und Hamburg[340] haben die übrigen Bundesländer in ihren Verfassungsschutzgesetzen keine Regelung für eine entsprechende Befugnis zur nachrichtendienstlichen Informationserhebung getroffen.

6. IMSI-Catcher

50 Ein **IMSI-Catcher** („IMSI" für „International Mobile Subscriber Identity") ermöglicht das Auslesen der Mobiltelefonkartennummern (IMSI) oder der

333 Definition gem. BT-Drs. WD 3 - 3000 - 293/20 v. 19.02.2021.
334 BT.-Drs. 19/24785 v. 27.11.2020
335 Kritisch dazu: *Poscher/Kappler*: Staatstrojaner für Nachrichtendienste: Zur Einführung der Quellen-Telekommunikationsüberwachung im Artikel 10-Gesetz, VerfBlog, 2021/7/06, https://verfassungsblog.de/staatstrojaner-nachrichtendienste/.
336 RhPf, LT-Drs. 17/10488 v. 07. 11. 2019, Landesgesetz zur Neufassung des Landesverfassungsschutzgesetzes und zur Änderung weiterer Gesetze; dazu: Ministerium des Innern und für Sport Synopse vom 16.12.2019, Vorlage 17/5940 S. 2 Nr. 2.
337 Gesetz vom 05.07.2021 (BGBl. I S. 2274).
338 § 5 d LVSG BW.
339 Art. 13 BayVSG a.F.
340 § 8 XII HmbVerfSchG.

Gerätekennnummer („IMEI" für „International Mobile Equipment Identity") eines eingeschalteten Mobiltelefons.[341] Dies ist möglich, auch wenn es sich lediglich im Standby-Modus befindet, also nicht telefoniert wird oder Nachrichten (SMS) verschickt werden, indem der IMSI-Catcher eine Funkzelle simuliert. Sämtliche Mobiltelefone wählen sich automatisch unter Angabe von IMSI und IMEI in eine räumlich nahe Funkzelle ein. Mit Hilfe eines IMSI-Catchers kann so der Standort eines Mobiltelefons durch eine sog. „Triangulation", mittels mehrerer Messungen unterschiedlicher Standorte und Signalstärken bestimmt werden. Ein IMSI-Catcher ermöglicht auch das Mithören und Mitlesen einer Kommunikation mittels eines Mobilfunktelefons.[342]

Ein Großteil der Landesverfassungsschutzgesetze räumt die Befugnis zum **Einsatz eines sog. IMSI-Catchers** ein (Baden-Württemberg[343], Bayern[344], Brandenburg[345], Bremen[346], Hamburg[347], Hessen[348], Mecklenburg-Vorpommern[349], Niedersachsen[350], Nordrhein-Westfalen[351], Rheinland-Pfalz[352], Saarland[353], Sachsen-Anhalt[354], Schleswig-Holstein[355], Thüringen[356]). Lediglich einzelne Landesverfassungsschutzgesetze (Berlin, Sachsen) weisen keine entsprechende Regelung auf. Sofern die Überwachung punktuell begrenzt bleibt, handelt es sich um einen Eingriff von geringer Schwere.[357] Hingegen liegt ein intensiver Grundrechtseingriff vor, sofern über einen längeren Zeitraum hinweg die Bewegung des Mobiltelefons der beobachteten Person nachverfolgt und ein Bewegungsprofil erstellt 51

341 *Löffelmann/Zöller*, B. Rn. 126.
342 *Nachbaur*, NJW 2007, S. 335-337.
343 § 6 II LVSG BW.
344 Art. 12 BayVSG a.F. nach *BVerfG*, Urt. v. 26.04.2022 – 1 BvR 1619/17 = NJW 2022, 1583, Rn.317 ff. verfassungswidrig.
345 § 6 III Nr. 11 BbgVerfSchG.
346 § 8 I Nr. 12 BremVerfSchG, trat außer Kraft mit Ablauf des 31.12.2022.
347 § 8 X HmbVerfSchG.
348 §§ 5 II Nr. 3; 9 HVSG.
349 § 10 VII LVerfSchG M-V.
350 § 14 I Nr. 11 NVerfSchG.
351 § 7 b VSG NRW.
352 § 15 LVerfSchG RhPf.
353 § 8 VII SVerfSchG.
354 § 17 a VI VerfSchG-LSA.
355 § 8 II S. 3 Nr. 6 LVerfSchG S-H.
356 §§ 10 I Nr. 11; 11 IV ThürVerfSchG.
357 *BVerfG*, Urt. v. 26.04.2022 – 1 BvR 1619/17 = NJW 2022, 1583, Rn. 321.

wird.[358]. Die bayerische Neuregelung enthält daher eine Klarstellung und beschränkt die zeitlichen Grenzen des Einsatzes.[359]

7. Tarnpapiere und Tarnkennzeichen

52 Als nachrichtendienstliches Mittel eng verbunden mit der Anwerbung und Führung von V-Personen und dem Einsatz verdeckter Mitarbeiter ist die **Verwendung von Tarnpapieren** und Tarnkennzeichen. Tarnpapiere sind echte, jedoch eine fingierte Identität des Inhabers (den sog. Dienst- oder Arbeitsnamen) vermittelnde Ausweispapiere, wie z. B. Dienst- oder Personalausweise und Führerscheine. Der Begriff „Tarnpapiere" geht jedoch über die reine Nutzung von Ausweispapieren hinaus. Zur Tarnung kommen auch **weitere Tarnvorkehrungen** hinzu, wie die zu einer fiktiven Identität passenden Visitenkarten, Briefpapiere und andere zu den fiktiven Lebensumständen gehörende Einrichtungen wie konspirative Wohnungen und Scheinfirmen, wie auch KfZ-Kennzeichen als **Tarnkennzeichen**, die teils einer Auskunftssperrung unterliegen.[360]

53 Befugnisse sowohl zum Einsatz von Tarnpapieren und Tarnkennzeichen werden **in fast allen Landesverfassungsschutzgesetzen** ausdrücklich aufgeführt (Baden-Württemberg[361], Bayern[362], Berlin[363], Brandenburg[364], Bremen[365], Hamburg[366], Hessen[367], Mecklenburg-Vorpommern[368], Niedersachsen[369], Nordrhein-Westfalen[370], Sachsen[371], Sachsen-Anhalt[372], Schles-

358 BVerfGE 150, 244 Rn. 100; 125, 260/319 f.; 120, 378/400 f., 406 f..
359 Art. 12 BayVSG n.F.; ähnlich § 9 HessVSG-E, krit. dazu *Dietrich*, Hess. LT (Ausschussvorlage INA 20/73), S. 99-100.
360 *Droste*, HbB-VerfSchR, S. 277; NDRecht-Hdb/ *Dietrich* VI § 2 Rn 32 m.w.N..
361 § 5 a I LVSG BW.
362 Art. 8 BayVSG.
363 § 8 II Nr. 9 VSG Bln.
364 § 6 III Nr. 9 BbgVerfSchG.
365 § 8 I Nr. 10 BremVerfSchG.
366 § 8 II Nr. 10 HmbVerfSchG.
367 § 5 II Nr. 9 HVSG.
368 § 10 I Nr. 10 LVerfSchG M-V.
369 § 14 II NVerfSchG.
370 § 5 II Nr. 9 VSG NRW.
371 § 5 I SächsVSG.
372 § 7 III Nr. 9 VerfSchG-LSA.

wig-Holstein[373], Thüringen[374]); nur Rheinland-Pfalz[375] und Saarland[376] verweisen auf die Regelung in Dienstvorschriften.

8. Observation

Unter Observation ist die planmäßige, i.d.R. unauffällige **verdeckte Beobachtung von bestimmten Personen, Objekten und Ereignissen** zu verstehen, die dem Ziel der Erkenntnisgewinnung über Bestrebungen und Tätigkeiten i.S.d. § 3 I BVerfSchG dient.[377] Als eine systematische Beobachtung ermöglicht die Observation, eine Vielzahl von Informationen über den Observierten zu erlangen, was die Heimlichkeit der Beobachtung voraussetzt.[378] 54

Befugnisse zum Einsatz des Mittels der Observation sind **in allen Landesverfassungsschutzgesetzen** (mit Ausnahme von Rheinland-Pfalz, wo auf eine Regelung der nachrichtendienstlichen Mittel in einer Dienstvorschrift verwiesen wird[379]) ausdrücklich erwähnt (Baden-Württemberg[380], Bayern[381], Berlin[382], Brandenburg[383], Bremen[384], Hamburg[385], Hessen[386], Mecklenburg-Vorpommern[387], Niedersachsen[388], Nordrhein-Westfalen[389], 55

373 § 8 II S. 2 Nr. 2 LVerfSchG S-H.
374 § 10 I Nr. 9 ThürVerfSchG.
375 § 9 II LVerfSchG RhPf.
376 § 8 I SVerfSchG.
377 *Löffelmann/Zöller*, B. Rn. 62.
378 *Droste*, HbB-VerfSchR, S. 281.
379 § 9 II LVerfSchG RhPf.
380 § 5 a I LVSG BW.
381 Art. 8 I BayVSG a.F..
382 § 8 II Nr. 2 VSG Bln.
383 §§ 6 III Nr. 2; 10 BbgVerfSchG.
384 § 8 I Nr. 3 BremVerfSchG.
385 § 8 II Nr. 3 HmbVerfSchG.
386 §§ 5 II Nr. 5; 11 HVSG.
387 § 10 I Nr. 3 LVerfSchG M-V.
388 §§ 14 I Nr. 4, 7; 17 NVerfSchG.
389 § 5 II Nr. 2 VSG NRW.

Saarland[390], Sachsen[391], Sachsen-Anhalt[392], Schleswig-Holstein[393], Thüringen[394]).

56 Die verfassungsgerichtliche Rechtsprechung stellt besondere Anforderungen an die erhöhte **Eingriffsintensität einer Observation** außerhalb der Wohnung.[395] Hierzu ist in der bayerischen Neuregelung für die längerfristige Observation mit technischen Mitteln eine spezielle Rechtsgrundlage mit weiteren ausdifferenzierten, erhöhten Eingriffsschwellen für **längerfristige Observationen**, d.h. durchgehend länger als eine Woche oder an mehr als 14 Tagen innerhalb eines Monats oder unter Einsatz technischer Mittel vorgesehen.[396]

9. Bild- und Tonaufzeichnungen

57 Alle Verfassungsschutzgesetze räumen die Befugnis zu Bild- und Tonaufzeichnungen ein. **Bildaufzeichnungen** sind das heimliche Foto- oder Videographieren, Filmen oder sonstige Abbilden von Personen, Objekten oder Ereignissen.[397] Unter **Tonaufzeichnungen** ist das heimliche Aufzeichnen des gesprochenen Wortes oder sonstiger akustisch wahrnehmbarer Vorgänge zu verstehen. Dafür ist es unerheblich, ob es sich um Vorgänge in der Öffentlichkeit oder an nicht-öffentlichen Orten, wie in Kraftfahrzeugen oder Wohnungen, handelt (**akustische Wohnraumüberwachung**).[398] Soweit das heimliche Aufzeichnen von Fernkommunikation (wie z.B. das Mitschneiden von Telefongesprächen) erfolgt, handelt es sich um **Telekommunikationsüberwachung**, für die durch das Artikel 10-Gesetz eine abschließende Regelung erfolgt ist. (s.o. Rn. 44).

58 § 8 II S. 1 BVerfSchG normiert die **bundesrechtliche Befugnis für Bild- und Tonaufzeichnungen**, die im Rahmen einer Aufzählung der nachrichtendienstlichen Mittel exemplarisch erwähnt werden. In allen LfV ist eben-

390 § 8 I SVerfSchG.
391 § 5 I SächsVSG.
392 § 7 III Nr. 2 VerfSchG-LSA.
393 § 8 II S. 3 Nr. 3 LVerfSchG S-H.
394 § 10 I Nr. 2 ThürVerfSchG.
395 *BVerfG*, Urt. v. 26.04.2022 – 1 BvR 1619/17 = NJW 2022, 1583 – Rn. 356 ff., 398.
396 Art. 19 a BayVSG n.F..
397 *Droste*, HbB-VerfSchR, S. 285.
398 NDRecht-Hdb/*Löffelmann* VI § 3 Rn. 47- 61.

falls die Befugnis zu heimlichen Bild- und Tonaufzeichnungen eingeräumt. Teils wurde die **Systematik aus dem BVerfSchG übernommen**, indem diese zusammen mit anderen nachrichtendienstlichen Mitteln in einer Aufzählung erwähnt werden (Baden-Württemberg[399], Bayern[400], Saarland[401], Sachsen[402]). In einigen Fällen wird zudem auf eine Regelung im Wege einer Dienstvorschrift verwiesen (Baden-Württemberg[403], Bayern[404], Rheinland-Pfalz[405], Sachsen[406]) bzw. abschließende Regelung (Saarland[407]). Teils wird in den Landesverfassungsschutzgesetzen dagegen ein Katalog an nachrichtendienstlichen Mitteln aufgestellt, in denen ein Mithören und Aufzeichnen unter Inanspruchnahme technischer Mittel aufgenommen wurde (Berlin[408], Brandenburg[409], Bremen[410], Hamburg[411], Hessen[412], Mecklenburg-Vorpommern[413], Niedersachsen[414], Nordrhein-Westfalen[415], Sachsen-Anhalt[416], Schleswig-Holstein[417], Thüringen[418]). Einige Länder haben in dem Katalog der nachrichtendienstlichen Mittel das (verdeckte) **Mithören ohne Inanspruchnahme technischer Mittel** aufgeführt (Berlin[419], Bran-

399 § 5 a I LVSG BW.
400 Art. 8 I BayVSG a.F..
401 § 8 I SVerfSchG.
402 § 5 I SächsVSG.
403 § 5 a I S. 2 LVSG BW.
404 Art. 8 II BayVSG.
405 §§ 9 II; 17 LVerfSchG RhPf.
406 § 5 I S. 2 SächsVSG.
407 § 8 I S. 4 SVerfSchG.
408 § 8 II Nr. 3, 6 VSG Bln.
409 §§ 6 III Nr. 3, 6; 10 BbgVerfSchG.
410 § 8 I Nr. 4, 7 BremVerfSchG.
411 § 8 II Nr. 4, 7 HmbVerfSchG.
412 § 5 II Nr. 8 HVSG: „... *mit und ohne Inanspruchnahme technischer Mittel*".
413 § 10 I Nr. 4, 7 LVerfSchG M-V.
414 §§ 14 I Nr. 5, 8, 10; 17 NVerfSchG.
415 §§ 5 II Nr. 3, 6; 7 a VSG NRW.
416 § 7 III Nr. 3, 6 VerfSchG-LSA.
417 § 8 II S. 3 Nr. 2, 4 LVerfSchG S-H.
418 § 10 I Nr. 3, 6 ThürVerfSchG.
419 § 8 II Nr. 5 VSG Bln.

denburg[420], Bremen[421], Hamburg[422], Mecklenburg-Vorpommern[423], Nordrhein-Westfalen[424], Sachsen-Anhalt[425], Thüringen[426]).

10. Wohnraumüberwachung

59 Unter akustischer oder optischen Wohnraumüberwachung wird die Nutzung von **Überwachungstechnik (umgangssprachlich sog. „Wanzen" oder Miniaturkameras)** verstanden, die entweder in den überwachten Räumen selbst oder von außerhalb erfolgt (z.B. durch Richtmikrofone, Körperschallmikrofone, die Laserabtastung von Fensterscheiben oder durch bildgebende Techniken wie Wärmebildkameras)[427].

60 Die **bundesrechtliche Ermächtigungsgrundlage für die Informationserhebung mittels Überwachungstechnik** findet sich in § 9 II S. 1 BVerfSchG. Eine entsprechende landesrechtliche Befugnis ist in den meisten Landesverfassungsschutzgesetzen vorhanden, nämlich 11 von 16 Bundesländern, die aber unterschiedlich ausgestaltet sind, wobei Eingriffsschwellen und Voraussetzungen erheblich abweichen.[428] Einige Landesgesetze orientieren sich an der bundesrechtlichen Regelung aus § 9 II S. 1 BVerfSchG (Baden-Württemberg[429], Thüringen[430]). Die übrigen Landesverfassungsschutzgesetze, soweit sie diese Regelung enthalten, weisen **stark abweichende Eingriffsschwellen und Voraussetzungen für die Wohnraumüberwachung** auf. Teils werden hierbei die Einsatzmöglichkeiten, insbesondere zur Eigensicherung erweitert (Bayern[431], Hamburg[432], Hessen[433], Rheinland-Pfalz[434],

420 § 6 III Nr. 5 BbgVerfSchG.
421 § 8 I Nr. 6 BremVerfSchG.
422 § 8 II Nr. 6 HmbVerfSchG.
423 § 10 I Nr. 6 LVerfSchG M-V.
424 § 5 II Nr. 5 VSG NRW.
425 § 7 III Nr. 5 VerfSchG-LSA.
426 § 10 I Nr. 5 ThürVerfSchG.
427 *Droste*, HbB-VerfSchR, S. 285.
428 Eingehend dazu: NDRecht-Hdb/*Löffelmann* VI § 3 Rn. 48-60.
429 § 6 I LVSG BW, darüber hinaus noch Befugnis zum Zweck der Eigensicherung.
430 § 11 II ThürVerfSchG.
431 Art. 9 und 11 BayVSG; Art. 9 I S. 1 BayVSG a.F. nach *BVerfG*, Urt. v. 26.04.2022 – 1 BvR 1619/17 = NJW 2022, 1583, Rn. 292 ff. verfassungswidrig.
432 § 8 II S. 1 Nr. 7, III-VIII HmbVerfSchG.
433 §§ 5 II Nr. 2; 7, 8 HVSG.
434 § 18 LVerfSchGRh-Pf (II auch zur Eigensicherung).

Saarland[435], Sachsen[436], Sachsen-Anhalt[437]), teils beschränkt (Berlin[438]), wobei teils eine, eigentlich wesensfremde, starke Orientierung an strafprozessualen Voraussetzungen, wie §§ 100 c, d StPO erfolgt (Bremen[439]). In den Landesverfassungsschutzgesetzen mehrerer Länder ist **diese Befugnis nicht enthalten** (Brandenburg, Mecklenburg-Vorpommern, Niedersachsen[440], Nordrhein-Westfalen, Schleswig-Holstein). **Ausdrücklich untersagt** dagegen das LVerfSchG von Schleswig-Holstein[441] die akustische Wohnraumüberwachung.

Verfahrens-, Anordnungs-, und Befristungserfordernisse hinsichtlich der Wohnraumüberwachung sind in den meisten Landesverfassungsschutzgesetzen enthalten (Baden-Württemberg[442], Bayern[443], Berlin[444], Bremen[445], Hamburg[446], Hessen[447], Rheinland-Pfalz[448], Saarland[449], Sachsen[450], Sachsen-Anhalt[451], Thüringen[452]) 61

Aufgrund des Eingriffsgewichts von Maßnahmen der Wohnraumüberwachung hat das BVerfG diese, ebenso wie die Online-Datenerhebung, von den spezifisch nachrichtendienstlichen Erhebungsschwellen ausgenommen und an **dieselben Eingriffsvoraussetzungen gekoppelt, wie sie an polizeiliche Maßnahmen** gestellt werden[453]. Daher darf die Befugnis zur 62

435 § 8 III - VI SVerfSchG.
436 § 5 a SächsVSG (II auch zur Eigensicherung).
437 § 8 II – III VerfSchG-LSA.
438 § 9 VSG Bln, der diese Maßnahme auf das Gebiet der Spionageabwehr und des gewaltbereiten politischen Extremismus beschränkt.
439 § 9 BremVerfSchG.
440 Das NVerfSchG wies vormals in den §§ 6 a, 6 b diese Befugnis auf, die jedoch bis zum 31.01.2015 befristet war. Aufgrund regelmäßig vorrangiger Zuständigkeit der Polizeibehörden wurde diese Befugnis nicht weiter verlängert und gestrichen. Nds. LT-Drs. 17/2161, S. 26 f. v. 14.10.2014.
441 § 8 VII S. 2 LVerfSchG S-H.
442 § 6 I LVSG BW.
443 Art. 11 BayVSG a. F..
444 § 9 VSG Bln.
445 § 9 BremVerfSchG.
446 § 8 IV-VIII HmbVerfSchG.
447 § 8 HVSG.
448 § 18 IV – VI LVerfSchG RhPf.
449 § 8 VI SVerfSchG.
450 § 5 a VIII – X SächsVSG.
451 § 8 II – V VerfSchG-LSA.
452 § 11 II S. 2 - 6, III ThürVerfSchG.
453 *BVerfG*, Urt. v. 26.04.2022 – 1 BvR 1619/17 = NJW 2022, 1583 – Rn. 165 ff., 176 ff..

Wohnraumüberwachung nur zur Abwehr einer dringenden Gefahr zugelassen werden. Die Voraussetzungen der dringenden Gefahr ergeben sich unmittelbar aus Art. 13 IV GG. Die bayerische Neuregelung sieht eine entsprechend ausgestaltete Spezialbefugnis für diese Form der Informationserhebung vor.[454] Aufgrund des **strengen Subsidiaritätserfordernis** stellt sich allerdings die Frage, inwieweit diese Regelung überhaupt Praxisrelevanz entfaltet,[455] da geeignete polizeiliche Hilfe zum Schutz des bedrohten Rechtsguts beim zeitaufwändigen Einbau von Überwachungstechnik stets erreichbar sein dürfte.

11. Auskunftsersuchen

63 Ein relativ neues Mittel der Informationserhebung sind **Auskunftsansprüche der Landesämter.** Sie sollen u.a. der Aufklärung von Reisewegen, Kontakten und Zahlungswegen dienen. Die Anwendungshäufigkeit dieser Eingriffsbefugnis, soweit sie nachvollziehbar ist, erscheint ob des Verfahrensaufwandes gering.[456] Sie richten sich an nicht-öffentliche Stellen in vier **verschiedenen Adressatenkreisen**, nämlich Telekommunikationsdiensteanbieter,[457] Telemediendiensteanbieter[458], Banken und Kreditinstitute[459] und Luftfahrtunternehmen[460].

64 Landesverfassungsschutzgesetze **organisieren diese Auskunftsbefugnisse unterschiedlich.** Großteils werden diese Auskunftsersuchen in einer einzelnen Norm zusammenfassend geregelt (Berlin[461], Brandenburg[462],

454 Art. 9 I BayVSG n.F.; §§ 7,8 HessVSG-E.
455 Bisher kein Anwendungsfall auf Bundesebene (BT-Drs. 19/22432 v. 11.9. 2020), *Löffelmann* in: HdB SicherheitsR, § 25 Rn 28 f..
456 *Löffelmann/Zöller*, Rn. 105-106.
457 § 8 I S. I BVerfSchG u. § 173 TKG; § 8 d BVerfSchG u. § 174 TKG.
458 § 8 d I S. 1 Nr. 2 BVerfSchG u. § 22 III Nr. 6 TTDSG; § 8 a I S. 1 Nr. 5 BVerfSchG u. § 24 III Nr. 5 TTDSG.
459 § 8 a I S. 1 Nr. 2 BVerfSchG; § 8 a BVerfSchG i.V.m. § 93 b I AO u. § 93 b II i.V.m. § 93 VIII S. 3 i.V.m. § 8 a II BVerfSchG.
460 § 8 a I S. 1 Nr. 1 BVerfSchG.
461 § 27 b VSG Bln.
462 § 14 a BbgVerfSchG.

Bremen[463], Hamburg[464], Hessen[465], Mecklenburg-Vorpommern[466], Niedersachsen[467], Nordrhein-Westfalen[468], Rheinland-Pfalz[469], Sachsen[470], Sachsen-Anhalt[471], Schleswig-Holstein[472]). Teils differenzieren die Länder nach Auskunftsersuchen bei Kreditinstituten, Luftfahrtunternehmen und Post-, Telekommunikations- und Telemediendienstleistern und Auskunftsersuchen zu Bestandsdaten bei Telekommunikations- und Telemediendienstleistern und zu Kontostammdaten (Baden-Württemberg[473]) oder nach Auskunftsersuchen zu Telekommunikation und Telemedien, Auskunftsersuchen im Schutzbereich des Brief, Post- und Fernmeldegeheimnisses sowie weiteren Auskunftsersuchen (Bayern[474]) oder nach Auskünften gemäß § 8 a II S. 1 Nr. 1 bis 5 BVerfSchG und weiteren Auskunftsverlangen nach dem TKG (Saarland[475], Thüringen)[476].

II. Informationsverarbeitung

Informationsverarbeitung bezeichnet die **Speicherung, Veränderung und Nutzung von personenbezogenen Daten,** wozu auf Bundesebene § 10 BVerfSchG die einschlägige Befugnisnorm für die Informationsverarbeitung des BfV darstellt. Diese Regelung ergänzt die bereits nach § 8 I S. 1 BVerfSchG bestehende Befugnis des BfV, personenbezogene Daten u.a. zu verarbeiten, wozu nach allgemeiner datenschutzrechtlicher Terminologie auch das Speichern zählt.[477] 65

Entsprechende Regelungen zur Informationsverarbeitung sind in den jeweiligen Landesverfassungsschutzgesetzen enthalten. Hierbei weisen meh- 66

463 § 7 BremVerfSchG.
464 § 7 III, IV HmbVerfSchG.
465 § 10 HVSG.
466 § 24 a LVerfSchG M-V.
467 § 20 NVerfSchG.
468 § 7 c VSG NRW.
469 § 13 LVerfSchG RhPf.
470 § 11 b SächsVSG.
471 § 17 a VerfSchG-LSA.
472 § 8 a LVerfSchG S-H.
473 § 5 b, 5 c LVSG BW.
474 Art. 14, 15, 18 BayVSG a.F..
475 §§ 15 a, b SVerfSchG.
476 §§ 8, 9 ThürVerfSchG.
477 Schenke/Graulich/Ruthig/*Mallmann*, BVerfSchG, § 10 Rn 2.

rere LVerfSchG nahezu **identische Regelungsinhalte zur bundesrechtlichen Regelung des § 10 BVerfSchG** auf (Baden-Württemberg[478], Sachsen[479]).

Andere Länder weisen **geringe Abweichungen zur bundesgesetzlichen Regelungslage** auf (Berlin[480], Brandenburg[481], Bremen[482], Hamburg[483], Hessen[484], Nordrhein-Westfalen[485], Sachsen-Anhalt[486], Schleswig-Holstein[487], Thüringen[488]).

67 Insbesondere bei der **Informationsverarbeitung im Zuge von Sicherheitsüberprüfungen** zeigen sich Abweichungen zwischen den Ländern. Teils ist hierzu keine explizite Befugnis enthalten, jedoch zur Informationsverarbeitung, wenn dies zur Schaffung nachrichtendienstlicher Zugänge zu Bestrebungen oder Tätigkeiten gemäß des Aufgabenkatalogs erforderlich ist (Bremen[489], Schleswig-Holstein[490], Thüringen[491]). Dies wird teilweise noch erweitert um **Informationsverarbeitung zum Zweck der Eigensicherung und anderen Zwecken** (Berlin[492], Hamburg[493]).

68 Die Regelungen anderer Bundesländer wiederum weisen **größere Abweichungen von der bundesgesetzlichen Regelung auf** (Bayern, Meck-

478 §§ 7, 8 LVSG BW.
479 §§ 4, 6 SächsVSG.
480 §§ 8 I, 11, 12 VSG Bln.
481 §§ 3 I, 8, 8 a, 9 BbgVerfSchG.
482 §§ 6, 11, 12 BremVerfSchG.
483 §§ 7 I, 9, 10 HmbVerfSchG.
484 §§ 4 VIII, 16 HVSG.
485 §§ 5 I, 8 – 13 VSG NRW.
486 §§ 7 I, 9 – 12 VerfSchG-LSA; nach § 9 I Nr. 4 VerfSchG-LSA ist das Nutzen, Speichern, Verändern personenbezogener Daten auch dann zulässig, wenn dies zur Erfüllung sonstiger gesetzlich zugewiesener Aufgaben erforderlich ist.
487 §§ 11 – 14 LVerfSchG S-H.
488 §§ 13 – 15 ThürVerfSchG; gem § 13 I Nr. 4 ThürVerfSchG dürfen personenbezogene Daten auch gespeichert, genutzt oder verändert werden, wenn eine Mitwirkung bei Überprüfungen der Zuverlässigkeit nach § 5 des Waffengesetzes oder § 8 a des Sprengstoffgesetzes erfolgt.
489 § 3 III BremVerfSchG i.V.m. § 21 II Nr. 3 BremSÜG.
490 § 5 II LVerfSchG S-H i.V.m § 21 II LSÜG.
491 § 4 II Thür VerfSchG i.V.m. § 21 II ThürSÜG.
492 §§ 8 I, 11 VSG Bln.
493 § 4 II HmbVerfSchG i.V.m. HmbSÜGG; §§ 14 III, 17 II HmbHafenSG.

lenburg-Vorpommern, Niedersachsen[494], Rheinland-Pfalz[495], Saarland[496]). Diese sind teilweise eher unscharf gehalten und enthalten eher **allgemeine Befugnisse zur Informationsverarbeitung** (Bayern[497]). Teils ergeben sich die Befugnisse zur Informationsverarbeitung aus dem **Zusammenwirken mehrerer landesgesetzlicher Bestimmungen**, zumeist mit einem Verweis auf allgemeine Befugnisnormen (Mecklenburg-Vorpommern[498], Saarland[499]). Als Besonderheit werden zudem zusätzlich Voraussetzungen für die Erhebung personenbezogener **Daten von Dritten ohne deren Kenntnis** dargelegt (Mecklenburg-Vorpommern[500]).

Zur Speicherung, Veränderung und Nutzung personenbezogener Daten 69
von **Minderjährigen** haben die einzelnen Länder teilweise stark voneinander abweichende gesonderte Bestimmungen in ihre Verfassungsschutzgesetze aufgenommen, mit Ausnahme von Bayern und Sachsen, die hierzu keine Regelungen in ihren Verfassungsschutzgesetzen haben. Teils weisen die Bestimmungen nahezu identische Inhalte zur bundesrechtlichen Re-

494 §§ 26, 28 NVerfSchG; § 27 NVerfSchG: Speicherung, Veränderung und Verwendung personenbezogener Daten zu anderen Zwecken.

495 §§ 9, 23, 24 LVerfSchG RhPf.

496 §§ 7, 10 – 13 SVerfSchG.

497 Art.5 BayVSG:
„Allgemeine Befugnisse
(1) 1Soweit nicht besondere Bestimmungen gelten, darf das Landesamt Informationen einschließlich personenbezogener Daten auch ohne Kenntnis der Betroffenen verarbeiten, soweit dies erforderlich ist
1. zur Erfüllung seiner Aufgaben nach Art. 3,
2. zur Erforschung und Bewertung von Bestrebungen und Tätigkeiten sowie der hierfür erforderlichen Nachrichtenzugänge oder
3. zum Schutz seiner Mitarbeiter, Einrichtungen, Gegenstände und Nachrichtenzugänge gegen sicherheitsgefährdende oder geheimdienstliche Tätigkeiten.
2Voraussetzung für die Sammlung und Auswertung von Informationen ist, dass tatsächliche Anhaltspunkte für Bestrebungen oder Tätigkeiten nach Art. 3 vorliegen. 3Informationen, die nach Satz 1 gespeicherte Angaben belegen, dürfen auch gespeichert werden, wenn darin weitere personenbezogene Daten Dritter enthalten sind; die Abfrage dieser Daten ist insoweit unzulässig. 4Das Landesamt darf personenbezogene Daten auch für die Vorgangsverwaltung verarbeiten.

498 § 15 I i V.m. §§ 9 I und II LVerfSchG M-V.

499 § 10 I SVerfSchG als Befugnisnorm i.V.m. § 3 SVerfSchG.

500 § 15 i.V.m. § 9 I, II LVerfSchG M-V.

gelung in § 11 BVerfSchG[501] auf (Baden-Württemberg[502], Bremen[503], Hessen[504]). Teils wird darauf abgestellt, dass frühestens ab **Vollendung des 10. Lebensjahres** und bis zur Vollendung des 14. Lebensjahres eine Datenerhebung nur zum Schutz der Minderjährigen zulässig ist (Rheinland-Pfalz[505]). Einzelne Länder weisen eine wesentlich größere Regelungsdichte auf und differenzieren bei der Verarbeitung von Daten vor **Vollendung des 14. Lebensjahres** (unzulässig) und vor **Vollendung des 16. Lebensjahres** (Brandenburg[506], Niedersachsen[507], Nordrhein-Westfalen[508], Sachsen-Anhalt[509]). Teils wird für die Verarbeitung von Daten auf die **Vollendung des 12. Lebensjahres** abgestellt (Hamburg[510]) oder nach Vollendung des 16. Lebensjahres (Mecklenburg-Vorpommern[511], Thüringen[512]), auf eine Speicherung nach Vollendung des 16. Lebensjahres bei Verdacht einer geheimdienstlichen Tätigkeit bzw. auf eine Speicherung (nicht in Dateien) nach Vollendung des 14. Lebensjahres bei Straftaten nach § 3 I Artikel 10-Gesetz (Schleswig-Holstein)[513] oder Speicherung auch in Dateien nach Vollendung des 14. Lebensjahres, sofern sie zur Abwehr einer erheblichen Gefahr für Leib und Leben einer Person erforderlich ist (Thüringen[514]).

Teilweise wird lediglich ausgeführt, dass eine Speicherung personenbezogener Daten über Minderjährige, die das 14. Lebensjahr nicht vollendet

501 § 11 BVerfSchG: Abs. 1: „*Das Bundesamt für Verfassungsschutz darf unter den Voraussetzungen des § 10 Daten über Minderjährige vor Vollendung des 14. Lebensjahres in zu ihrer Person geführten Akten nur speichern, verändern und nutzen, wenn tatsächliche Anhaltspunkte dafür bestehen, dass der Minderjährige eine der in § 3 Abs.1 des Artikel 10-Gesetzes genannten Straftaten plant, begeht oder begangen hat. In Dateien ist eine Speicherung von Daten oder über das Verhalten Minderjähriger vor Vollendung des 14. Lebensjahres nicht zulässig.*"

502 § 8 LVSG BW.

503 § 12 BremVerfSchG.

504 § 16 III, IV HVSG.

505 § 9 IV LVerfSchG RhPf.

506 § 8 a BbgVerfSchG.

507 § 13 NVerfSchG.

508 § 9 VSG NRW.

509 § 10 VerfSchG-LSA.

510 § 10 HmbVerfSchG, wobei aus Gründen des Kindeswohls keine Altersbeschränkung zum Zwecke der Offenlegung gem. 14 II S. 1 HmbVerfSchG besteht.

511 § 16 LVerfSchG M-V.

512 § 13 IV ThürVerfSchG.

513 § 12 LVerfSchG S-H.

514 § 13 IV S. 3 ThürVerfSchG.

haben, unzulässig ist (Berlin[515]) und wann personenbezogene Akten zu löschen sind (Saarland[516]).

III. Informationsübermittlung

Vorschriften für die Informationsübermittlungen durch die Landesverfassungsschutzbehörden weichen teils erheblich voneinander ab.[517] Von grundsätzlicher Bedeutung ist hier die Regelung des § 21 I S. 1 BVerfSchG. Dieser ordnet als bundesgesetzliche Vorschrift die Geltung von § 20 I S. 1 u. 2 BVerfSchG für die Landesverfassungsschutzbehörden an.[518] Diese Regelung ist allerdings durch das BVerfG mit Urteil vom 28. September 2022,[519] als nicht mit Artikel 2 I GG i.V.m. Art. 1 I GG vereinbar, **für verfassungswidrig erklärt** worden, soweit sie zur Übermittlung personenbezogener Daten verpflichtet, die mit nachrichtendienstlichen Mitteln erhoben wurden.[520] Die verfassungsrechtlichen Vorgaben für den Datenaustausch zwischen Sicherheitsbehörden stellen erhebliche Anforderungen an die Gesetzgebung[521]. 70

Nach den Vorgaben des BVerfG ist die Übermittlung von **mit nachrichtendienstlichen Mitteln erhobenen personenbezogenen Daten** generell nur zum Schutz eines Rechtsguts von herausragendem öffentlichem Interesse zulässig.[522] Außerdem bedarf es der Normierung einer verfassungsrechtlich 71

515 § 12 VSG Bln.

516 § 13 SVerfSchG.

517 Kritisch dazu schon: Abschlussbericht der Bund-Länder-Kommission-Rechtsterrorismus (BLKR) v. 30.4.2013, S. 224 ff., S. 355 ff..

518 § 21 I S.1 BVerfSchG: *(1) Die Verfassungs-schutzbehörden der Länder übermitteln Staatsanwaltschaften und, vorbehaltlich der staatsanwaltschaftlichen Sachleitungsbefugnis, den Polizeien Informationen einschließlich personenbezogener Daten unter den Voraussetzungen des § 20 Abs. 1 Satz 1 und 2 sowie Abs. 2 Satz 1.*

519 *BVerfG*, Beschl. v. 28.09.2022 - 1 BvR 2354/13.

520 Dazu: Anm. *Schneider*, in: GSZ 2022, 299 ff..

521 Eingehend dazu: *Müller/Schwabenbauer*, in: GSZ 2023, 1 ff.; *Unterreitmeier*, GSZ 2023, 81-87.

522 *BVerfG*, Urt. v. 26.04.2022 – 1 BvR 1619/17 = NJW 2022, 1583 – Rn. 238, 255, 364, Beschl. v. 28.09.2022 – 1 BvR 2354/13 – Rn. 125, 136.

gebotenen Übermittlungsschwelle,[523] deren Anforderungen sich danach unterscheiden, an welche Stelle die Übermittlung erfolgt.[524]

72 In seinen Entscheidungen vom April und September 2022 hat das Bundesverfassungsgericht die verfassungsrechtlichen Maßstäbe zu Datenübermittlungen durch Verfassungsschutzbehörden näher ausgeführt. Die sich daraus ergebenden, **hochkomplexen Anforderungen** an grundrechtssensible Übermittlungsvorschriften werden allgemein als kaum noch schlüssig nachvollziehbar angesehen und kritisiert.[525]

73 Dem trägt die bayerische Neuregelung Rechnung und differenziert zwischen der Übermittlung personenbezogener Daten, die nicht mit nachrichtendienstlichen Mitteln erhoben wurden, der Übermittlung solcher Daten an öffentliche Stellen, wenn tatsächliche Anhaltspunkte vorliegen, dass dies zur Erfüllung von Aufgaben des Empfängers erforderlich ist und trägt den Vorgaben des BVerfG zu besonderen Übermittlungsschwellen Rechnung.[526]

74 Bisher resultierte aus §§ 20, 21 BVerfSchG für die LfV eine Übermittlungspflicht hinsichtlich **Informationen zur Verfolgung von Straftaten**, soweit es Behörden des Bundes oder Behörden außerhalb des eigenen Landes betrifft, somit Übermittlungen an den Generalbundesanwalt, Polizeidienststellen auf Bundesebene (insbesondere das BKA) sowie an Staatsanwaltschaften und Polizeidienststellen außerhalb des eigenen Landes.[527] Erforderlich ist hierzu eine Konkretisierung der Voraussetzungen für die Informationsübermittlung an Behörden mit **„operativen Anschlussbefug-**

523 *BVerfG*, Urt. v. 26.04.2022 – 1 BvR 1619/17 = NJW 2022, 1583 – Rn. 368, Beschl. v. 28.09.2022 – 1 BvR 2354/13 – Rn. 157.

524 *BVerfG*, Urt. v. 26.04.2022 – 1 BvR 1619/17 = NJW 2022, 1583 – Ls. 3; Grds. kritisch dazu: *Schneider*, GSZ 2022, 1-6, ebenso: *Löffelmann*, JR 2022, 433-441 (436); *Meiertöns*, JBÖS 2022/2023, S. 533-546 (543).

525 *Müller/Schwabenbauer*, GSZ 2023, S. 1 ff. (2 f.); *Unterreitmeier*, GSZ 2022, S. 251 ff.; Teil 2, GSZ 2023, S. 34 ff.; Teil 3, GSZ 2023, S. 81 ff.); *Petri*, Anm. zu BVerfG v. 26.4.2022, GSZ 2022; *Gärditz*, GSZ 2022, S. 161 ff. (170); *Schneider*, Anm. zu BVerfG v. 28.9.2022, GSZ 2022, S. 306 ff.; *Werner-Kappler*, NVwZ-Beilage 2022; *Ogorek*, NJW 2022, S. 1570 ff.; *Gusy*, RuP 2022, S. 256 ff.; *Zöller*, StV 2022, S. 693 ff.; *Werdermann/Meinl*, KJ 2022, S. 508 ff.; *Löffelmann*, GSZ 2023, S. 92 ff.; *Eichenhofer*, NVwZ 2023, S. 41 ff..; *Meiertöns*, JBÖS 2022/2023, S. 533-546 (540 ff.).

526 Art. 25 BayVSG n.F..

527 § 21 I S. 2 BVerfSchG: *Auf die Übermittlung von Informationen zwischen Behörden desselben Bundeslandes findet Satz 1 keine Anwendung.*

nissen".[528] Dieser Begriff bedarf der näheren Definition: Darunter sind Behörden mit Befugnisse zu verstehen, die zu Maßnahmen mit unmittelbarem Zwang gegen Einzelpersonen ermächtigen und ohne rechtsschutzfähigen Vorlauf vollzogen werden können.[529]

Landesrechtliche Vorschriften, welche die **Übermittlung an Behörden des Bundes und anderer Länder** regeln, werden durch die – nunmehr für verfassungswidrig erklärte - Regelung des § 20 I S. 1 BVerfSchG verdrängt, sofern sie engere Voraussetzungen für die Übermittlung vorschreiben.[530] In diesem Zusammenhang kommt landesrechtlichen **Übermittlungspflichten mit Staatsschutzbezug** keine eigene Bedeutung zu, da der Bund mit § 20 I S. 1 BVerfSchG von seiner ausschließlichen Gesetzgebungskompetenz nach Art. 73 I Nr. 10 lit. b und c GG Gebrauch gemacht hat. Die Bundesländer können aber über § 20 I 1 BVerfSchG hinausgehende, hinzutretende Pflichten zur Übermittlung an Strafverfolgungsbehörden des Bundes und anderer Länder erlassen.[531] 75

Neben den durch das BVerfSchG vorgegebenen Übermittlungspflichten für die LfV, bestehen gesonderte landesrechtliche Regelungen zur **Informationsweitergabe an landeseigene Behörden**, welche die Übermittlung an die jeweiligen Staatsanwaltschaften und Polizeibehörden in den Ländern betreffen.[532] 76

Bei der Regelung der **Übermittlungspflichten in Angelegenheiten des Staats- und Verfassungsschutzes** erfolgte bei den meisten Landesgesetzen im Wesentlichen eine **Orientierung an der bundesrechtlichen Rege-** 77

528 *BVerfG*, Urt. v. 26.04.2022 – 1 BvR 1619/17 = NJW 2022, 1583, Rn. 254; dazu auch §§ 20, 20 a HessVSG-E.

529 *Gärditz*, GSZ 2022, S. 161 ff (167); *Unterreitmeier*, GSZ 2023, S. 34 ff. (35). Nach der Bund-Länder AG zur Auswertung des Urteils des Bundesverfassungsgerichts v. 26.4.2022 – 1 BvR 1619/17 (BayVSG), Abschlussbericht, S. 7: „Ausübung unmittelbaren Zwangs in einem Verfahren ohne rechtsschutzfähigen Vorlauf", krit. dazu: *Müller*, Hess. LT (Ausschussvorlage INA 20/73), S. 63-65.

530 *Gazeas*, Übermittlung nachrichtendienstlicher Erkenntnisse, 2014, S. 481 f.

531 Dazu: Abschlussbericht der Bund-Länder-Kommission Rechtsterrorismus v. 30.04.2013, Rn. 509-514.

532 Ausführliche Darstellung aller Übermittlungsvorschriften der sechzehn Landesverfassungsschutzgesetze bei *Gazeas*, Übermittlung nachrichtendienstlicher Erkenntnisse, 2014, S. 453 ff..

lung des § 20 I BVerfSchG (Baden-Württemberg[533], Bayern[534] , Berlin[535], Brandenburg[536], Bremen[537], Hamburg[538], Mecklenburg-Vorpommern[539], Nordrhein-Westfalen[540], Saarland[541], Sachsen[542], Sachsen-Anhalt[543], Thüringen[544]). Nur in zwei Fällen lautet die Regelung allerdings komplett wortgleich (Brandenburg[545], Saarland[546]). Teils werden **landesrechtlich weitergehende Übermittlungspflichten** vorgegeben als sie § 20 I 1 BVerfSchG vorsieht (Baden-Württemberg[547], Bremen[548], Hessen[549], Niedersachsen[550], Sachsen[551], Thüringen[552]). Die Vorschrift im ThürVerfSchG darf nicht dahingehend missverstanden werden, dass davon pauschal alle Verbrechen i.S.d. § 12 I StGB erfasst seien.[553]

78 Andere LVerfSchG wiederum weisen **keine entsprechenden weitergehenden Vorschriften für Übermittlungspflichten** auf (Hamburg, Mecklenburg-Vorpommern, Nordrhein-Westfalen, Rheinland-Pfalz[554], Saarland,

533 § 10 II LVSG BW.
534 Art. 25 II S. 2 BayVSG, nach *BVerfG*, Urt. v. 26.04.2022 – 1 BvR 1619/17 = NJW 2022, 1583, Rn. 362 ff. verfassungswidrig.
535 § 21 VSG Bln.
536 § 17 BbgVerfSchG.
537 § 21 BremVerfSchG.
538 § 14 III HmbVerfSchG.
539 § 20 II LVerfSchG M-V.
540 § 18 II VSG NRW.
541 § 17 III SVerfSchG.
542 § 12 II SächsVSG.
543 § 19 VerfSchG-LSA.
544 § 21 II ThürVerfSchG.
545 § 17 I, II BbgVerfSchG.
546 § 17 III SVerfSchG.
547 § 10 II LVSG BW: bei Straftaten, die in § 3 I Art. 10-Gesetz aufgeführt sind.
548 § 21 I Nr. 2 BremVerfSchG: Straftaten, die sich gegen die in § 3 I S. 1 BremVerfSchG genannten Schutzgüter richten.
549 § 19 HVSG: über Bestrebungen und Tätigkeiten nach § 2 II HVSG.
550 § 31 I NVerfSchG: wenn unumgänglich zur Verfolgung schwerer Straftaten gemäß § 100 b II StPO oder §§ 87, 88, 89 StGB erforderlich ist, an Staatsanwaltschaften und Polizeibehörden sowie an diese auch nach einem umfangreichen Katalog.
551 § 12 II Nr. 2 SächsVSG: Straftaten, die gegen das Leben oder in erheblichem Maße gegen die körperliche Unversehrtheit oder gegen Sach- und Vermögenswerte von erheblicher Bedeutung gerichtet sind.
552 § 21 II ThürVerfSchG: Zur Bekämpfung von Verbrechen, für deren Vorbereitung konkrete Hinweise vorliegen, oder von Straftaten gegen oder einer konkreten Gefahr für Leib und Leben.
553 *Gazeas*, Übermittlung nachrichtendienstlicher Erkenntnisse, S. 477-480.
554 Im LVerfSchG RhPf sind keine Übermittlungspflichten aufgeführt.

Sachsen-Anhalt, Schleswig-Holstein). Infolgedessen werden in diesen Ländern die eigenen Staatsanwaltschaften und Polizeibehörden insoweit *prima facie* schlechter gestellt, als die des Bundes und anderer Länder, da für diese die Übermittlungspflicht gemäß § 21 I BVerfSchG greift. In diesem Zusammenhang scheint es jedoch geboten, das Übermittlungsermessen bei schweren Straftaten im Wege der verfassungskonformen Auslegung auf null zu reduzieren. Dies scheint allein schon im Hinblick auf die verfassungsrechtliche Pflicht zur Gewährleistung der Funktionstüchtigkeit der Strafrechtspflege geboten.[555]

Teils werden hier auch **Sonderwege zu Übermittlungspflichten** gewählt, 79 die in der Subsumtion und damit in der praktischen Anwendung allgemeiner gehalten sind: Nach dem Berliner LVerfSchG besteht eine Übermittlungspflicht aus eigenem Antrieb allein in Fällen des Staats- und Verfassungsschutzes.[556] Als praktisch schwierig ist die bisherige Regelungslage in Sachsen anzusehen,[557] wo bei allen Straftaten, die gegen das Leben oder in erheblichem Maße gegen die körperliche Unversehrtheit oder gegen Sach- und Vermögenswerte von erheblicher Bedeutung sind, eine Übermittlungspflicht normiert ist.[558]

Noch uneinheitlicher fallen die Regelungen der Landesverfassungsschutz- 80 gesetze zu **Spontanübermittlungsbefugnissen,** also Übermittlungen initiativ durch LfV, aus. Auf Bundesebene ist die Ermessensvorschrift des § 19 I BVerfSchG die maßgebende Norm für die Informationsübermittlung durch das BfV.[559] Diese dient als Leitregelung auch für die Übermittlungsvorschriften der Landesverfassungsschutzgesetze. Diese Regelung wird allerdings aufgrund mangelnder Bestimmtheitserfordernisse teils als verfassungswidrig angesehen.[560]

Teils sind die **landesgesetzlichen Regelungen identisch wie in § 19 I** 81 **BVerfSchG** ausgestaltet (Baden-Württemberg[561], Nordrhein-Westfalen[562],

555 Schenke/Graulich/Ruthig/*Bock*, § 21 I Rn 1.
556 § 21 VSG Bln.
557 Dazu: *Gazeas*, Übermittlung nachrichtendienstlicher Erkenntnisse, S. 469-472.
558 § 12 II Nr. 2 SächsVSG.
559 Zur Vorgängerregelung: *BVerfG*, Beschl. v. 28.09.2022 - 1 BvR 2354/13 Rn. 76 f.
560 *Gazeas*, Übermittlung nachrichtendienstlicher Erkenntnisse, S. 336-337.
561 § 10 I, III – VI LVSG BW.
562 § 17 II –V VSG NRW.

Sachsen-Anhalt[563]) oder **ähnlich** (Bayern[564], Brandenburg[565], Bremen[566], Niedersachsen[567], Rheinland-Pfalz[568], Sachsen[569]).

82 Unterschiedlich fallen die bisherigen, übrigen landesrechtlichen Regelungen zu **Übermittlungsbefugnissen bei Informationen zu Straftaten** aus (siehe auch Rn. 74). Insbesondere fakultative Übermittlungen außerhalb des Bereichs der Staatsschutzdelikte sind von Land zu Land unterschiedlich ausgestaltet. Einige Länder sehen bei Straftaten eine umfangreiche Übermittlungsbefugnis vor: Dies umfasst **Staatsschutzdelikte** bei Straftaten gemäß § 100 a, § 131 StGB, im Rahmen der organisierten Kriminalität, von erheblicher Bedeutung (Rheinland-Pfalz[570]), die wiederum teils beschränkt wird auf Staatsschutzdelikte und Delikte mit einer Mindestfreiheitsstrafe von sechs Monaten (Mecklenburg-Vorpommern[571]) oder auf **Straftaten von erheblicher Bedeutung** (Brandenburg[572], Hessen[573]) oder auf **Verbrechen** (Thüringen[574]), auf Straftaten mindestens der mittleren Kriminalität, die den **Rechtsfrieden empfindlich stören** und das Gefühl der Rechtssicherheit der Bevölkerung erheblich beeinträchtigen (Sachsen-Anhalt[575]) oder auf Katalogdaten des § 100 a StPO (Schleswig-Holstein[576]) oder welche die **Motivlage des Täters** in Bezug nehmen (Hamburg[577]) oder weisen stark nach Adressat und Informationszweck differenzierte Regelungen auf (Hessen[578]).

---

563 § 18 VerfSchG-LSA.

564 Art. 25 I, I a, II S. 1, III BayVSG, nach *BVerfG*, Urt. v. 26.04.2022 – 1 BvR 1619/17 = NJW 2022, 1583, Rn. 362 ff. verfassungswidrig.

565 §§ 16, 19 BbgVerfSchG.

566 § 20 BremVerfSchG.

567 § 32 NVerfSchG.

568 § 26 I –VI LVerfSchG RhPf.

569 §§ 12 I, III, IV, 12 a SächsVSG.

570 § 26 II S. 1 Nr. 2 u. 3 LVerfSchG RhPf;
Nr. 3 Verweis auf § 28 III POG.
Nr. 4 für erhebliche Zwecke der öffentlichen Sicherheit sowie des Jugendschutzes.

571 § 20 III Nr. 1 LVerfSchG M-V.

572 § 16 I BbgVerfSchG.

573 § 20 II Nr. 2 HVSG.

574 § 21 I S. 2 Nr. 1 ThürVerfSchG.

575 § 18 I S. 2 VerfSchG-LSA.

576 § 19 LVerfSchG S-H.

577 § 14 II HmbVerfSchG.

578 § 20 I Nr. 2 HVSG.

Zentral ist nunmehr als Übermittlungshürde der **Begriff der „besonders schweren Straftat“**.[579] Der verfassungsrechtliche Begriff der besonders schweren Straftat, wie im Art. 13 III GG erwähnt, ist nicht identisch mit dem strafprozessualen Begriff der „besonders schweren Straftat“.[580] Insofern liegt es nahe und erscheint sachgerecht, dass hier ein eigener **nachrichtendienstspezifischer Begriff der „besonders schweren Straftat“** zu Grunde zu legen ist.[581]

Einige Landesgesetze nehmen eine **Differenzierung anhand von Datentypen** vor und unterscheiden zwischen der Übermittlung personenbezogener und nicht personenbezogener Daten an den öffentlichen Bereich, außerhalb des öffentlichen Bereichs, an Stationierungsstreitkräfte, an ausländische Stellen (Berlin[582], Hamburg[583], Hessen[584], Mecklenburg-Vorpommern[585], Niedersachsen[586], Saarland[587], Schleswig-Holstein[588]) **oder differenzieren nach der Art der Datenerhebung** und unterscheiden zwischen der Übermittlung von Daten, die mit nachrichtendienstlichen Mitteln erhoben wurden, und Daten, die aus offen zugänglichen Quellen stammen (Hamburg[589], Rheinland-Pfalz[590]) oder sehen eine Übermittlung personenbezogener Daten für Angebote zum Ausstieg vor (Niedersachsen[591]). 83

Eine ganz wesentliche Übereinstimmung weisen die LVerfSchG dagegen hinsichtlich der Spontanübermittlungsbefugnisse bei der sog. **Zweckbindungsklausel** auf.[592] 84

579 § 20 a HessVSG-E.
580 *BVerfGE* 109, 279 Rn. 228.
581 *Löffelmann*, JR 2023, S. 195 ff. (203 f.); *Gärditz*, GSZ 2022, S. 161 ff. (168); *Unterreitmeier*, GSZ 2023, S. 34 ff. (39); zu Regelungsmodellen: *Dietrich*, Hess. LT (Ausschussvorlage INA 20/73), S. 107 ff..
582 §§ 22, 25 VSG Bln.
583 §§ 12, 14 – 17 HmbVerfSchG.
584 §§ 20 – 22 HVSG.
585 §§ 20, I, III – V, 21 LVerfSchG M-V.
586 § 32 NVerfSchG.
587 § 17 I, II, IV, V SVerfSchG.
588 §§ 19, 20 LVerfSchG S-H.
589 § 14 I, II HmbVerfSchG.
590 § 26 III LVerfSchG RhPf.
591 § 32 a NVerfSchG.
592 § 10 I S. 2, III S. 2, IV S. 2, V S. 7 LVSG BW; Art. 25 IV S. 2 BayVSG; §§ 22 III, 23 S. 3, 24 S. 3, 25 S. 5 VSG Bln; § 16 I S. 2, II S. 4, III S. 4 BbgVerfSchG; § 20 I S. 2, III S. 5 BremVerfSchG; §§ 14 II S. 3; 15 S. 2; 16 S. 6; 17 III S. 1 HmbVerfSchG; §§ 20 III S. 2; 21 IV S. 2; 22 II S. 2 HVSG; § 20 VI LVerfSchG M-V; § 32 IV S. 5 NVerfSchG; § 17 II

S. 4, IV S. 5, V S. 3 VSG NRW; § 26 I S. 2 LVerfSchG RhPf; § 17 IX SVerfSchG; § 12 I S. 4, III S. 5, IV S. 4 SächsVSG; § 18 I S. 5, III S. 4, IV S. 3 VerfSchG-LSA; §§ 19 IV, 20 S. 2 LVerfSchG S-H; § 21 III S. 2, IV S. 3, V S. 4 ThürVerfSchG.

D. Kontrolle

Die Verfassungsschutzbehörden sowohl auf Ebene des Bundes[593] als auch auf Landesebene unterliegen einem **umfassenden Kontrollregime**:[594] Neben der exekutiven und judikativen Kontrolle (s.u. D.I., Rn. 86-88) ist die parlamentarische Kontrolle durch dafür besonders eingerichtete Gremien, G10-Kommissionen und die Vertrauensgremien der Haushaltsausschüsse besonders ausgeprägt. Hinzu kommt die Kontrolle durch die Bundes- und Landesrechnungshöfe (s.u. D.I.6. Rn. 114-115) sowie durch Beauftragte für Datenschutz und Informationsfreiheit (s.u. D.IV. Rn. 120). 85

I. Exekutive und judikative Kontrolle

Die exekutive Kontrolle der Landesbehörden für Verfassungsschutz erfolgt **durch die jeweiligen Landesinnenministerien** bzw. Senatsverwaltungen für Inneres der einzelnen Bundesländer.[595] Eine Besonderheit stellt die Einrichtung eines **Sonderbeauftragten für Verfassungsschutz** im jeweiligen Landesinnenministerium dar, wie seit 2022 in Mecklenburg-Vorpommern.[596] Hierfür besteht keine spezifische nachrichtendienstliche Rechtsgrundlage, sondern die Einrichtung erfolgte i.d.F. rein personalwirtschaftlich auf Grundlage des Koalitionsvertrages der Landesregierung.[597] 86

Soweit Verfassungsschutzbehörden **als Abteilungen in den jeweiligen Landesinnenministerien** eingerichtet sind,[598] hat dies zur Folge, dass keine

593 Zur Bundesebene: *Löffelmann/Zöller*, F.1. ff..

594 *Gusy*, VerwArch 2015, S. 437-458.

595 NDRecht-Hdb/*Eiffler* VII § 1 Rn 15.

596 Behörden Spiegel v. 7.12. 2022, Witthaut wird Sonderbeauftragter für den Verfassungsschutz M-V.

597 Koalitionsvereinbarung 2021-2026 M.-V. zw. SPD und Der Linken v. 13.11.2021, Zeilen 2695, 2696.

598 Stand 06/2023: Berlin § 2 I VSG Bln, Brandenburg § 2 I BbgVerfSchG, Bremen § 2 I BremVerfSchG, Mecklenburg-Vorpommern § 2 I LVerfSchG M-V, Niedersachsen § 2 I NVerfSchG, Nordrhein-Westfalen § 2 I VSG NRW, Rheinland-Pfalz § 2 I LVerfSchG RhPf, Saarland § 2 I SVerfSchG, Sachsen-Anhalt § 2 I VerfSchG-LSA, Schleswig-Holstein § 2 I LVerfSchG S-H.

übergeordnete exekutive Kontrollinstanz außerhalb der Behörde selbst besteht, so dass die Kontrolle behördenintern und durch den jeweiligen Minister bzw. Senator als Behördenleiter erfolgen muss.[599] Einzelne Landesgesetze sehen aber – wohl auch um diesem Umstand abzuhelfen - **Instrumentarien der Innenrevision** vor.[600] So ist teils eine behördeninterne Kontrollinstanz (Revision) unterhalb der Behördenleitung (Berlin[601]) oder eine abteilungsinterne Organisationseinheit (Stabsstelle Controlling) zu Fragen des Verfassungsschutzes (Thüringen)[602] vorgesehen.

87 In Angelegenheiten des Verfassungsschutzes besteht grundsätzlich **keine Fachaufsicht des Bundes über Landesbehörden**, wie dies im Falle einer Bundesauftragsverwaltung möglich wäre (Art. 85 III, IV GG), sondern dem Bund steht aufgrund der Ausführung von Angelegenheiten des Verfassungsschutzes als eigene der Länder lediglich eine Rechtsaufsicht zu (Art. 83, 84 III GG). Eine Fachaufsicht des Bundes hinsichtlich der Zusammenarbeit mit dem Bund oder einzelner Bundesländer untereinander ist daher gesetzlich nicht vorgesehen. Es besteht aber eine, auf einem Beschluss der Innenministerkonferenz basierende Richtlinie für die Zusammenarbeit des BfV mit den LfV (**Zusammenarbeitsrichtlinie- ZAR**).[603] Diese dient der Ausgestaltung von Informationsflüssen und begründet keine Änderung der Aufsichtsregelungen.[604] Ebenso ergibt sich **kein Aufsichtsrecht über die Landesämter aus der Zentralstellenfunktion** des BfV.[605] Teilweise wird allerdings ein Weisungsrecht in bestimmten Fällen angenommen.[606] § 7 BVerfSchG sieht für den Fall, dass „ein Angriff auf die verfassungsmäßige Ordnung des Bundes“ erfolgt, ausnahmsweise ein **Sonderweisungsrecht in einer besonderen Bedrohungssituation** gegenüber den Landesämtern vor.[607]

---

599 *Droste*, HbB-VerfSchR, S. 46, kritisch dazu: *Bull*, DÖV 2008, S. 751 (759).
600 NDRecht-Hdb/*Eiffler* VII § 1 Rn 16.
601 § 2 III VSG Bln.
602 § 2 III-V ThürVerfSchG.
603 Beschluss der IMK v. 7.12.2012.
604 *Roth*, in Schenke/Graulich/Ruthig, BVerfSchG § 1 Rn. 27.
605 *Gusy*, DVBl. 1993, S. 1117 (1121); *Jarass/Pieroth*, GGArt. 87 Rn. 5; *Burgi*, in: Mangoldt/Klein/Starck, GG Art. 87 Rn 47.
606 Werthebach/Droste, in: BK GG, Art. 73 Nr. 10 GG, Rn. 76; *Uhle*, in: Dürig/Herzog/Scholz, GG Art. 73 Rn. 234; *Pestalozza*, in: Mangoldt/Klein/Starck, GG Art. 73 Rn. 604.
607 § 7 BVerfSchG: *Die Bundesregierung kann, wenn ein Angriff auf die verfassungsmäßige Ordnung des Bundes erfolgt, den obersten Landesbehörden die für die Zu-*

Als Handeln der öffentlichen Verwaltung ist die Tätigkeit von Landesämtern für Verfassungsschutz natürlich voll umfänglich der **justiziellen Kontrolle durch Gerichte** und der Rechtsschutzgarantie des Art. 19 IV GG als „Grundsatznorm der gesamten Rechtsordnung"[608] unterworfen. Der Natur der Sache nach gestaltet sich diese, in tatsächlicher und rechtlicher Hinsicht, aufgrund der Heimlichkeit nachrichtendienstlichen Handelns als problematisch.[609] Hinzu kommt **richterliche Vorabkontrolle** i.R.d. Befugnisausübung (s.o. Rn. 42). 88

Für den gerichtlichen Rechtsschutz gegen nachrichtendienstliches Handeln als öffentlich-rechtliches Handeln nicht verfassungsrechtlicher Art ist **i.d.R. der Verwaltungsrechtsweg** gemäß § 40 I S. 1 VwGO eröffnet. Ebenso wie in § 9 II S. 5 BVerfSchG[610] finden sich aber landesrechtliche **abdrängende Sonderzuweisungen für richterliche Anordnungen zu technischen Maßnahmen zur Wohnraumüberwachung**, welche die Zuständigkeit der ordentlichen Gerichte begründen (Bayern[611], Baden-Württemberg[612], Berlin[613], Bremen[614], Hamburg[615], Hessen[616], Rheinland-Pfalz[617], Saarland[618], Sachsen[619], Sachsen-Anhalt[620], Thüringen[621]). Ebenso ist landesrechtlich ein **partieller Rechtswegausschluss nach § 13 G 10** bei nachrichtendienstlichen Maßnahmen zur Beschränkung des Post- und Fernmeldegeheimnisses vorgesehen, wonach der Rechtsweg vor Mitteilung an den Betroffenen 89

sammenarbeit der Länder mit dem Bund auf dem Gebiete des Verfassungsschutzes erforderlichen Weisungen erteilen.

608 BVerfGE 58, 1 (40).

609 Zum Ganzen: NDRecht-Hdb/*Wöckel* VII § 3, insb. Rn. 1b.

610 § 9 II S. 4, 5 BVerfSchG: *Die richterliche Entscheidung ist unverzüglich nachzuholen. Zuständig ist das Amtsgericht, in dessen Bezirk das Bundesamt für Verfassungsschutz seinen Sitz hat.*

611 Art. 11 IV BayVSG.

612 § 6 I S. 3 LVSG BW.

613 § 9 IV VSG Bln.

614 § 9 V BremVerfSchG.

615 § 8 VIII HmbVerfSchG.

616 § 8 VIII HVSG.

617 § 18 IV LVerfSchG RhPf: *Anordnung durch ein Gericht.*

618 § 8 V S- 9 SVerfSchG: *Anordnung durch ein Gericht.*

619 § 5 a VIII S. 1 SächsVSG.

620 § 8 IV S. 1 VerfSchG-LSA.

621 § 11 II S. 4 ThürVerfSchG.

ausgeschlossen wird.[622] Stattdessen erfolgt hier eine auf Art. 10 II S. 2 GG basierende Ersatzkontrolle durch die jeweiligen parlamentarischen Gremien.

II. Parlamentarische Kontrolle

90 Neben der exekutiven und justiziellen Kontrolle der LfV kommt auf Landesebene der **parlamentarischen Kontrolle durch die jeweiligen Landesparlamente** eine zentrale Bedeutung zu.[623] Im Vergleich zur allgemeinen parlamentarischen Kontrolle, die dem Wesen nach vergangenheitsbezogen ist, besteht zudem eine vorausschauende Kontrolle zu einzelnen Formen exekutiven Handelns (z.B. bei der G-10-Kontrolle) und im Bereich der haushaltsrechtlichen Kontrolle.[624] Für diese Bereiche bestehen jeweils eigenständige landesrechtliche Rechtsgrundlagen als duale Kontrollregime.

1. Organisation der allgemeinen parlamentarischen Kontrolle

91 In allen Bundesländern existieren parlamentarische Gremien zur Wahrnehmung der allgemeinen politischen Kontrollfunktion, die sich nach Funktion und Arbeitsweise wesentlich ähneln, jedoch einer uneinheitlichen Terminologie folgen. Die **Bezeichnungen für die entsprechenden parlamentarischen Gremien** variieren zwischen „Parlamentarische Kontrollkommission" (Brandenburg[625], Bremen[626], Hessen[627], Mecklenburg-Vorpommern[628], Rheinland-Pfalz[629], Sachsen[630], Thüringen[631]), „Parlamentarisches

622 § 13 Artikel 10-Gesetz: *Gegen die Anordnung von Beschränkungsmaßnahmen nach den §§ 3 und 5 Abs. 1 Satz 3 Nr. 1 und ihren Vollzug ist der Rechtsweg vor der Mitteilung an den Betroffenen nicht zulässig.*
623 Umfassend dazu: *Michel*, GSZ 2021, S. 197-203.
624 NDRecht-Hdb/*Bartodziej* IV § 2 Rn 4.
625 § 23 BbgVerfSchG.
626 § 26 I BremVerfSchG.
627 § 1 HessVerfSchKG.
628 § 27 I S. 1 LVerfSchG M-V.
629 § 31 I LVerfSchG RhPf.
630 § 16 I SächsVSG.
631 § 24 I ThürVerfSchG.

Kontrollgremium" (Baden-Württemberg[632], Bayern[633] , Nordrhein-Westfalen[634], Sachsen-Anhalt[635], Schleswig-Holstein[636]), „Ausschuss für Fragen des Verfassungsschutzes" (Saarland[637]), „Parlamentarischer Kontrollausschuss"[638] (Hamburg), „Ausschuss für den Verfassungsschutz" (Berlin[639]) oder „Ausschuss für Angelegenheiten des Verfassungsschutzes" (Niedersachsen[640]). Während die meisten Landesgesetzgeber die entsprechenden Regelungen in den jeweiligen Landesverfassungsschutzgesetzen verankert haben, haben Bayern[641] und Hessen[642] für die parlamentarische Kontrolle jeweils eine eigenständige gesetzliche Grundlage geschaffen.

In einigen Bundesländern finden diese Kontrollgremien zudem eine **Verankerung in der Landesverfassung**[643] (Berlin[644], Brandenburg[645], Sachsen[646], Thüringen[647]). 92

Hinsichtlich der **Mitgliederzahl** unterscheiden sich die parlamentarischen Gremien. Teils wird eine feste Mitgliederzahl vorgeschrieben (Bayern 7[648]; Bremen 3[649]; Hamburg 9[650]; Mecklenburg-Vorpommern 5[651]; Sachsen 5[652]; 93

632 § 16 I LVSG BW.
633 Art. 20 I BayVSG.
634 § 23 I VSG NRW.
635 § 24 I VerfSchG-LSA.
636 § 27 I LVerfSchG S-H.
637 § 22 SVerfSchG.
638 § 24 HmbVerfSchG.
639 § 33 I VSG Bln.
640 § 34 NVerfSchG.
641 Gesetz zur parlamentarischen Kontrolle der Staatsregierung hinsichtlich der Tätigkeit des Landesamts für Verfassungsschutz sowie hinsichtlich der Maßnahmen nach Art. 13 Abs. 3 bis 5 des Grundgesetzes (Parlamentarisches Kontrollgremium-Gesetz - PKGG) v. 08. November 2010 (GVBl S. 722) BayRS 12-4-I.
642 Gesetz zur parlamentarischen Kontrolle des Verfassungsschutzes in Hessen (Verfassungsschutzkontrollgesetz) v. 25.06. 2018 (GVBl. 2018 S. 302, 317).
643 Dazu: HParlR/*Hornung* 2016, § 30 Rn 10.
644 Art. 46 a VerfBE.
645 Art. 11 III BbgVerf.
646 Art. 83 III SächsVerf.
647 Art. 97 ThürVerf.
648 Art. 2 I PKGG.
649 § 27 I BremVerfSchG.
650 § 25 I HmbVerfSchG.
651 § 27 II LVerfSchG M-V.
652 § 16 II SächsVSG.

Sachsen-Anhalt 5[653], Thüringen 5[654]), teils eine **Höchstzahl an Mitgliedern** (Berlin: in der Regel höchstens 10[655]; Brandenburg: soll nicht 9 übersteigen[656]); teils eine Mindestzahl (Niedersachsen: mind. 7[657]); teils wird die Bestimmung der Gremiumsgröße den **jeweiligen Landesparlamenten überlassen** (Baden-Württemberg[658], Brandenburg[659], Hessen[660]; Nordrhein-Westfalen[661], Rheinland-Pfalz [662], Saarland[663], Schleswig-Holstein[664]). Teils werden Vorgaben für fest **zu bestimmende Stellvertreter** vorgenommen (Baden-Württemberg[665], Bayern[666], Berlin[667], Brandenburg[668], Bremen[669], Nordrhein-Westfalen[670] , Rheinland-Pfalz[671], Sachsen-Anhalt[672]), zumeist wird aber keine Aussage zu Stellvertretern getroffen (Hamburg, Hessen, Mecklenburg-Vorpommern, Niedersachsen, Rheinland-Pfalz, Saarland, Sachsen, Schleswig-Holstein, Thüringen).

94 Die Mitgliedschaft wird zumeist explizit **an die Mitgliedschaft im Landtag gekoppelt.** (Baden-Württemberg[673], Bayern[674], Brandenburg[675], Bremen[676], Hamburg[677], Hessen[678], Mecklenburg-Vorpommern[679], Niedersachsen[680],

653 § 25 I VerfSchG-LSA.
654 § 25 I ThürVerfSchG.
655 § 33 II VSG Bln.
656 § 24 I BbgVerfSchG.
657 § 35 I NVerfSchG.
658 § 16 a I LVSG BW.
659 § 24 I S. 2 BbgVerfSchG.
660 § 1 II und III HessVerfSchutzKG.
661 § 24 I S. 2 VSG NRW.
662 § 31 II S. 1 LVerfSchG RhPf.
663 § 23 I SVerfSchG.
664 § 25 II LVerfSchG S-H.
665 § 16 a I S. 4 LVSG BW.
666 Art. 2 I S. 5 PKGG.
667 § 33 II S. 4 VSG Bln.
668 § 24 I S 2 BbgVerfSchG: das stellvertretend vorsitzende Mitglied.
669 § 27 I S. 1 BremVerfSchG.
670 § 24 I, II VSG NRW.
671 § 31 IV LVerfSchG RhPf.
672 § 25 II VerfSchG-LSA.
673 § 16 a I S. 1 LVSG BW.
674 Art. 2 I S. 2 PKGG.
675 § 24 II BbgVerfSchG.
676 § 27 I S. 2 BremVerfSchG.
677 § 25 I HmbVerfSchG.
678 § 1 II HessVerfSchKG.
679 § 27 II S. 1 LVerfSchG M-V.
680 § 35 I S. 1 NVerfSchG.

Nordrhein-Westfalen[681], Rheinland-Pfalz[682], Sachsen[683], Sachsen-Anhalt[684], Schleswig-Holstein[685], Thüringen[686]) Teils ist dies zwar nicht ausdrücklich daran gebunden, aber implizit vorausgesetzt (Berlin[687], Saarland[688]).

Ebenso unterscheiden sich die Regelungen zur vorgegebenen **Häufigkeit des Zusammentritts** der Gremien. Sofern gesetzlich eine bestimmte Frequenz des Zusammentritts vorgegeben wird, so wird ein Zusammentritt mindestens einmal im Vierteljahr (Baden-Württemberg[689], Bayern[690], Hamburg[691], Mecklenburg-Vorpommern[692], Rheinland-Pfalz[693], Sachsen-Anhalt[694], Schleswig-Holstein[695], Thüringen[696]) oder einmal im halben Jahr (Sachsen[697]) vorgeschrieben. Großteils finden sich aber keinerlei Angaben in den Landesverfassungsschutzgesetzen zu diesem Thema (Berlin, Brandenburg, Bremen, Hessen, Niedersachsen, Nordrhein-Westfalen, Saarland). 95

Eine **Veranlassung des Zusammentritts** kann in jedem Bundesland durch eine bestimmte Anzahl an Mitgliedern des Gremiums veranlasst werden (durch ein einzelnes Mitglied: Bayern[698], Rheinland-Pfalz[699], Saarland[700], Sachsen-Anhalt[701], Schleswig-Holstein[702], Thüringen[703]; zwei Mitglieder: Sachsen[704]). Teils sind die Modalitäten des Zusammentritts aber lediglich 96

681 § 24 I S. 1 VSG NRW.
682 § 31 II S. 2 LVerfSchG RhPf.
683 § 16 II S. 1 SächsVSG.
684 § 25 I S. 1 LVerfSchG-LSA.
685 § 26 II S. 1 LVerfSchG S-H.
686 § 25 I ThürVerfSchG.
687 § 33 II S. 2 VSG Bln.
688 § 23 I S. 1 SVerfSchG.
689 § 16 b I S. 1 LVSG BW.
690 Art. 3 S. 1 PKKG.
691 § 26 II S. 2 HmbVerfSchG.
692 § 27 V LVerfSchG M-V.
693 § 32 I S. 1 LVerfSchG RhPf.
694 § 26 II VerfSchG-LSA.
695 § 25 VIII LVerfSchG S-H.
696 § 26 I ThürVerfSchG.
697 § 16 II S. 3 SächsVSG.
698 Art. 3 II PKGG.
699 § 32 I S 2 LVerfSchG RhPf: oder auf Antrag der Verfassungsschutzbehörde.
700 § 23 III S. 1 SVerfSchG.
701 § 26 IV VerfSchG-LSA.
702 § 26 IX LVerfSchG S-H.
703 § 26 II ThürVerfSchG.
704 § 16 II S. 5 SächsVSG.

auf der Ebene der Geschäftsordnungen der jeweiligen Gremien niedergelegt und nicht im LVerfSchG selbst (Berlin, Brandenburg, Bremen, Hamburg, Hessen, Niedersachsen, Nordrhein-Westfalen).

97 Nur vereinzelt sind **Aussagen zur Beschlussfassung innerhalb der Gremien** enthalten (Baden-Württemberg[705], Bayern[706], Brandenburg[707], Bremen[708], Hessen[709], Rheinland-Pfalz[710]), fehlen aber in der Regel (Berlin, Brandenburg, Hamburg, Niedersachsen, Nordrhein-Westfalen, Sachsen, Sachsen-Anhalt, Thüringen).

98 Ausdrücklich räumen einige Landesverfassungsschutzgesetze den Mitgliedern die Möglichkeit ein, sich bei ihrer Tätigkeit der **Unterstützung durch Fraktionsmitarbeiter** zu bedienen (Baden-Württemberg[711], Hamburg[712], Hessen[713], Sachsen-Anhalt[714], Thüringen[715]) Daraus folgt aber nicht, dass in den Bundesländern, in denen hierzu keine explizite Regelung getroffen wird, stets höchstpersönliche Tätigkeit erfolgen müsse.

99 Teilweise ist in den Verfassungsschutzgesetzen einzelner Länder ausdrücklich geregelt, dass die **Tätigkeit des Gremiums** und damit auch die Mitgliedschaft über das Ende einer Legislaturperiode hinausgeht, bis der nachfolgende Landtag ein neues Gremium gewählt hat (Baden-Württemberg[716], Bayern[717], Brandenburg[718], Bremen[719], Mecklenburg-Vorpom-

705 § 16 b III LVSG BW.
706 Art. 7 I S. 1, II S. 1 PKGG.
707 § 26 I S. 1 BgbVerfSchG.
708 § 29 I S. 3 BremVerfSchG.
709 § 4 III S. 1 HessVerfSchKG.
710 § 32 III LVerfSchG RhPf.
711 § 16 i LVSG BW.
712 § 25 Abs. III a HmbVerfSchG, begrenzt auf jeweils eine Mitarbeiterin oder einen Mitarbeiter je Fraktion.
713 § 5 I S. 1 HessVerfSchKG.
714 § 26 III VerfSchG-LSA.
715 § 26 III ThürVerfSchG.
716 § 16 b IV LVSG BW.
717 Art. 3 III PKGG.
718 § 24 III BbgVerfSchG.
719 § 26 II BremVerfSchG.

mern[720], Nordrhein-Westfalen[721], Rheinland-Pfalz[722], Sachsen[723], Sachsen-Anhalt[724], Thüringen[725]).

2. Kontrollumfang

Die jeweiligen Landesgesetze treffen abweichende Regelungen hinsichtlich der **Informationspflichten**, die der jeweiligen Landesregierung auferlegt werden, und unterscheiden sich daher hinsichtlich des Kontrollumfangs der parlamentarischen Gremien. 100

Gemeinsam ist allen Landesverfassungsschutzgesetzen, dass sie den jeweiligen Landesregierungen eine Pflicht zur **Unterrichtung über die allgemeine Tätigkeit und Vorgänge von besonderer Bedeutung** auferlegen.[726] 101

Teils wird eine Pflicht niedergelegt, über **Einzelfälle** und konkrete Themen aus dem Aufgabenbereich des jeweiligen LfV zu berichten (Baden-Württemberg[727], Bayern[728], Brandenburg[729], Hessen[730], Mecklenburg-Vorpommern[731], Nordrhein-Westfalen[732], Rheinland-Pfalz[733], Saarland[734]). Mecklenburg-Vorpommern spezifiziert zudem noch zwei Arten von Einzelfällen, nämlich Fälle unterbliebener Datenübermittlung und sonstige Einzel- 102

720 § 27 III S. 2 LVerfSchG M-V.
721 § 23 II VSG NRW.
722 § 31 III LVerfSchG RhPf.
723 § 16 V SächsVSG.
724 § 25 IV VerfSchG-LSA.
725 § 26 III ThürVerfSchG.
726 § 16 c I S. 1 LVSG BW; Art. 4 I S. 1 PKGG; § 35 I S. 1 VSG Bln; § 25 I S. 1 BbgVerfSchG; § 28 I BremVerfSchG; § 26 I S. 1 HmbVerfSchG; § 3 I S. 1 HessVerfSchKG; § 29 I S. 1 LVerfSchG M-V; § 36 I S. 1 NVerfSchG; § 25 I S. 1 VSG NRW; § 33 I S. 1, 2 LVerfSchG RhPf; § 24 I SVerfSchG; § 17 I S. 1 SächsVSG; § 27 I S. 1 VerfSchG-LSA; § 26 V LVerfSchG S-H; § 27 I S. 1 ThürVerfSchG.
727 § 16 c II LVSG BW.
728 Art. 4 II PKGG.
729 § 25 II BbgVerfSchG.
730 § 3 I S. 1 HessVerfSchKG.
731 § 29 I S. 1 LVerfSchG M-V.
732 § 25 I S. 1 VSG NRW: auf Verlangen des Kontrollgremiums auch über Einzelfälle.
733 § 33 I S. 3 LVerfSchG RhPf: auf Verlangen eines Mitglieds auch über sonstige Vorgänge.
734 § 24 I SVerfSchG: auf Verlangen des Ausschusses über Einzelfälle.

fälle.[735] Einige Landesverfasungsschutzgesetze sehen zudem vor, dass die jeweilige Landesregierung über **konkrete Themen aus dem Aufgabenbereich der LfV** zu unterrichten hat, sofern dies dem Wunsch des parlamentarischen Kontrollgremiums entspricht (Baden-Württemberg[736], Bayern[737] , Berlin[738], Brandenburg[739], Hessen[740], Sachsen[741], Thüringen[742]).

103 Des Weiteren wird teils eine **Information über den Erlass von Verwaltungsvorschriften,** welche die jeweiligen LfV betreffen, niedergelegt (Berlin[743], Hamburg[744], Hessen[745], Mecklenburg-Vorpommern[746], Niedersachsen[747], Rheinland-Pfalz[748], Sachsen[749], Sachsen-Anhalt[750], Schleswig-Holstein[751], Thüringen[752]), wobei teils noch zusätzlich eine Unterrichtungspflicht über die Einhaltung dieser Verwaltungsvorschriften hinzugefügt wird (Mecklenburg-Vorpommern[753] und Schleswig-Holstein[754]). Ansonsten

735 § 29 I S. 1 LVerfSchG M-V: Einzelfälle in denen eine Datenübermittlung gemäß § 20 IV S. 3 LVerfSchG M-V (zur Verhinderung oder Verfolgung von Straftaten an Staatsanwaltschaften und Polizei, welche ausgeblieben sind, sofern übergeordnete Bedenken aus den Aufgaben des Verfassungsschutzes der Übermittlung entgegenstehen) unterblieben ist und sonstige Einzelfälle.

736 § 16 c I S. 2 LVSG BW.

737 Art. 4 I S. 2 PKGG.

738 § 35 II S. 1 VSG Bln: Recht auf Erteilung von Auskünften auf Antrag mindestens eines seiner Mitglieder.

739 § 25 I S. 1, 3 BbgVerfSchG.

740 § 3 I S. 2 HessVerfSchKG.

741 § 17 I S. 4 SächsVSG.

742 § 27 I S. 4 ThürVerfSchG: auf Verlangen der Kontrollkommission zu sonstigen Vorgängen.

743 § 35 I S. 1 VSG Bln.

744 § 26 V S.1 Nr. 2 HmbVerfSchG: die Dienstvorschrift über nachrichtendienstliche Mittel nach § 8 II S.2.

745 § 3 III Nr. 3 HessVerfSchKG: die Dienstvorschrift für die Zusammenarbeit und Führung von Verdeckten Mitarbeiterinnen und Mitarbeitern sowie Vertrauensleuten.

746 § 29 I 1 LVSG M-V.

747 § 36 I S. 2 Nr. 4 NVerfSchG: den beabsichtigten Erlass oder die beabsichtigte Änderung einer Dienstvorschrift für den Einsatz nachrichtendienstlicher Mittel.

748 § 9 II S. 3 LVerfSchG RhPf.

749 § 5 I S. 3 SächsVSG: *„Die Dienstvorschrift bedarf der Zustimmung des Staatsministeriums des Innern und der Parlamentarischen Kontrollkommission."*.

750 § 27 I S. 3 VSG-LSA.

751 § 26 V LVerfSchG S-H.

752 § 27 V ThürVerfSchG: Unterrichtung über den Inhalt der Dienstanweisungen und jede Änderung vor deren Erlass.

753 § 29 I S. 1 LVerfSchG M-V.

754 § 26 V LVerfSchG S-H.

wird dieser Punkt in den übrigen Landesgesetzen nicht gesondert als Informationspflicht benannt. In zwei Bundesländern ist zudem eine Pflicht der Landesregierung zur **Unterrichtung über das Lagebild** festgeschrieben (Brandenburg[755] und Mecklenburg-Vorpommern[756]).

Die Landesverfassungsschutzgesetze von Hamburg[740] und Thüringen[758] weisen **detaillierte Kataloge** auf, über welche Vorgänge im Einzelnen die 104

755 § 25 I S. 1 BbgVerfSchG.

756 § 29 I S. 1 LVerfSchG M-V.

757 § 26 V HmbVerfSchG:
„Der Senat hat dem Ausschuss insbesondere über
1. Gefahren für die Schutzgüter des § 1,
2. die Dienstvorschrift über nachrichtendienstliche Mittel nach § 8 Absatz 2 Satz 2 sowie ihre Änderungen,
3. die Maßnahmen nach § 8 Absatz 11,
4. die Maßnahmen nach § 8 Absatz 12 Satz 2 sowie die hierbei eingesetzten Mittel, Ergebnisse und Wirkungen,
5. die Nichtlöschung personenbezogener Daten gemäß § 11 Absatz 2 Satz 1 Nummer 4,
6. die tatsächliche Arbeitsaufnahme mit einem automatisierten Verfahren, für das eine Dateisystemanordnung nach § 23a vorgeschrieben ist, und seine wesentlichen inhaltlichen Änderungen,
7. die Offenlegung personenbezogener Daten gegenüber Stationierungsstreitkräften nach § 15,
8. die Offenlegung personenbezogener Daten gegenüber ausländischen öffentlichen Stellen nach § 16,
9. die Offenlegung personenbezogener Daten gegenüber Stellen außerhalb des öffentlichen Bereichs nach § 17 sowie über die Änderungen des Verzeichnisses nach § 17 Absatz 1 Satz 4,
10. die Anfragen bei ausländischen öffentlichen Stellen nach § 12 Absatz 7 Satz 4 des HmbSÜGG,
11. die Anzahl der Personenspeicherungen gemäß § 10 Absatz 1 Nummern 1 und 2 BVerfSchG in Verbindung mit § 3 Absatz 1 Nummern 1, 3 und 4 BVerfSchG in der gemeinsamen nachrichtendienstlichen Datei nach § 6 Abs. 2 BVerfSchG,
12. die Speicherungen und Offenlegungen von Informationen über Minderjährige vor Vollendung des 14. Lebensjahres,
13. die Offenlegungen nach § 14 Absatz 2 Satz 2,
14. die Auskunftsversagungen nach § 23 Absatz 4 Satz 5 zu berichten. Der Bericht gemäß Satz 1 Nummern 4 und 11 erfolgt jährlich.“

758 § 27 II ThürVerfSchG: *„Die Landesregierung unterrichtet die Parlamentarische Kontrollkommission über folgende Vorgänge:*
1. Art, Anzahl und Dauer des Einsatzes nachrichtendienstlicher Mittel im Sinne des § 10 Abs. 1 in den beobachteten extremistischen Phänomenbereichen und Personenzusammenschlüssen,
2. Festlegung der zu beobachtenden Personenzusammenschlüsse,
3. Herstellung des Einvernehmens für das Tätigwerden von Verfassungsschutzbehörden anderer Länder in Thüringen nach § 3 Abs. 2 sowie in allgemeiner Form über

Landesregierung das parlamentarische Kontrollgremien zu unterrichten hat.

3. Kontrollrechte

105 Den Kontrollgremien werden durchgehend weitgehende **Rechte auf Einsicht** in Akten, Schriftstücke und Dateien, Herausgabe dieser, Zutritt und Befragung des jeweiligen Landesamtes für Verfassungsschutz eingeräumt. In den meisten Landesgesetzen sind **weitgehende Rechte** der Kontrollgremien niedergelegt (Baden-Württemberg[759], Bayern[760], Berlin[761], Brandenburg[762], Bremen[763], Hamburg[764], Hessen[765], Mecklenburg-Vorpommern[766], Nordrhein-Westfalen[767], Rheinland-Pfalz[768], Saarland[769], Sachsen-Anhalt[770], Thüringen[771]). In mehreren Bundesländern sind die Kontrollrechte aber weniger umfassend beschrieben und näher dargelegt (Niedersachsen, Sachsen, Schleswig-Holstein).

106 **Anhörungs- und Akteneinsichtsrechte** unterscheiden sich: In Sachsen wird ausschließlich das Recht auf Erteilung von Auskünften im Landesgesetz erwähnt,[772] in Schleswig-Holstein sind neben einer umfassenden

die Herstellung des Benehmens für das Tätigwerden des Bundesamtes für Verfassungsschutz nach § 5 Abs. 2 BVerfSchG,

4. Regelungen über die Vergütung von Vertrauensleuten und

5. Feststellung eines Übermittlungsverbots nach § 22 Abs. 1 durch das Amt für Verfassungsschutz,

6. Fortbildungsmaßnahmen und Ausbildungsstand der Bediensteten, bedeutende Personalveränderungen.

Für die Berichterstattung nach Satz 1 gilt Absatz 1 Satz 1 entsprechend."

759 § 16 d LVSG BW.

760 Art. 5 PKGG.

761 § 35 II VSG Bln.

762 § 25 I S. 4 BbgVerfSchG.

763 § 28 II, III BremVerfSchG.

764 § 26 II HmbVerfSchG.

765 § 4 II HessVerfSchKG.

766 § 29 II LVerfSchG M-V.

767 § 25 II VSG NRW.

768 § 34 I, III LVerfSchG RhPf.

769 § 24 S. 3 SVerfSchG.

770 § 27 II S. 1 VerfSchG-LSA.

771 § 29 II ThürVerfSchG.

772 § 17 II 1 SächsVerfSchG.

Unterrichtungspflicht durch die Landesregierung keine weiteren Kontrollbefugnisse normiert.[773] In Hessen werden Zeit, Art und Umfang der Unterrichtung der Parlamentarischen Kontrollkommission unter Beachtung des notwendigen Schutzes der Quellen durch die politische Verantwortung der Landesregierung bestimmt, wobei zugleich Einsichts- und Besuchsrechte eingeräumt werden.[774]

In der Mehrheit der Bundesländer ist zudem explizit die Möglichkeit für die jeweiligen parlamentarischen Gremien vorgesehen, sich in der Arbeit durch die **Bestellung von Sachverständigen oder Beauftragten** für den Verfassungsschutz unterstützen zu lassen (Baden-Württemberg[775], Bayern[776], Berlin[777], Brandenburg[778], Mecklenburg-Vorpommern[779], Niedersachsen[780], Nordrhein-Westfalen[781], Rheinland-Pfalz[782], Schleswig-Holstein[783] und Thüringen[784]). Daraus folgt nicht im Umkehrschluss, dass eine entsprechende Bestellung in den übrigen Bundesländern ohne eine explizite Regelung nicht möglich wäre.[785] 107

Abweichend sind allerdings die rechtlichen **Anforderungen für die entsprechende Bestellung** ausgestaltet. Zumeist ist die Rede von einer Beauftragung im Einzelfall mittels einer 2/3-Mehheit im jeweiligen parlamentarischen Gremium nach Anhörung der jeweiligen Landesregierung 108

773 § 25 V LVerfSchG S-H.
774 §§ 3 II, 4 II HessVerfSchKG.
775 § 16 f I LVSG BW.
776 Art. 7 I PKGG.
777 § 36 VSG Bln: Vetrauensperson.
778 §§ 25 a, 25 b BbgVerfSchG: Ständige Bevollmächtigte. Eine der Regelung auf Bundesebene (§§ 5a, 5b PKrG) entsprechende Institution eines ständigen Bevollmächtigten hat bisher nur Brandenburg geschaffen.
779 § 29 III S. 1 LVerfSchG M-V.
780 § 38 NVerfSchG.
781 § 25 IV VSG NRW.
782 § 34 IV LVerfSchG RhPf.
783 § 27 LVerfSchG S-H.
784 § 30 ThürVerfSchG.
785 So wohl auch: *Michel*, GSZ 2021, S. 200.

(Baden-Württemberg[786], Bayern[787], Berlin[788], Niedersachsen[789], Nordrhein-Westfalen[790], Rheinland-Pfalz[791], Thüringen[792]). In Brandenburg wird die oder der Ständige Bevollmächtigte durch den Präsidenten des Landtages für die Dauer von fünf Jahren ernannt nach Zustimmung der Mehrheit der Mitglieder der Kontrollkommission und der G 10-Kommission.[793]. In Mecklenburg-Vorpommern genügt eine einfache Mehrheit der gesetzlichen Mitglieder des parlamentarischen Gremiums, nach Anhörung des Innenministeriums.[794] In Schleswig-Holstein wird dagegen keine Aussage zum Verfahren der Bestellung getroffen, aber festgelegt, dass die beauftragte Person die Befähigung zum Richteramt besitzen muss[795].

109 Die Hälfte der Bundesländer hat in den LVerfSchG **Regelungen zum Schutz von Whistleblowern** getroffen. Hierbei handelt es sich um in den jeweiligen Landesverfassungsschutzämtern beschäftigte Personen, denen so in dienstlichen Angelegenheiten eine Möglichkeit zur rechtmäßigen Aufdeckung interner Missstände gegenüber den parlamentarischen Kontrollorganen gegeben werden soll.[796] Teils ist so den Behördenangehörigen möglich, sich ohne Einhaltung des Dienstweges an die Parlamentarischen Kontrollkommissionen zu wenden (Baden-Württemberg[797], Bayern[798], Branden-

786 § 16 f I LVSG BW; das PKGr kann zudem gem. § 16 f II LVSG BW mit 2/3 Mehrheit entscheiden, dass dem Landtag ein schriftlicher Bericht zu den Untersuchungen des Sachverständigen erstattet wird.

787 Art. 7 I PKGG: das PKGr kann gem. Art. 7 I PKGG entscheiden, dass dem Landtag ein schriftlicher Bericht zu den Untersuchungen erstattet wird.

788 § 36 S. 2 VSG Bln: Wahl mit 2/3 Mehrheit, Befähigung zum Richteramt; S. 1: Beauftragung mit Mehrheit der Mitglieder.

789 § 38 S. 1 NVerfSchG.

790 § 25 IV S. 1 VSG NRW.

791 § 34 IV S. 1 LVerfSchG RhPf.

792 § 30 I S. 1 ThürVerfSchG; das PKGr kann zudem gem. § 30 II ThürVerfSchG mit 2/3 Mehrheit entscheiden, dass dem Landtag ein schriftlicher oder mündlicher Bericht zu den Untersuchungen erstattet wird.

793 § 25 b I BbgVerfSchG.

794 § 29 III S. 1 LVerfSchG M-V.

795 § 27 S. 1 LVerfSchG S-H.

796 *Bantlin*, Die G 10-Kommission 2021, S. 94 ff..

797 § 16 g I LVSG BW.

798 Art. 8 I PKGG.

burg[799], Hamburg[800], Niedersachsen[801], Rheinland-Pfalz[802], Thüringen[803]) , in Nordrhein-Westfalen ist zudem erforderlich, dass zuvor die Behördenleitung einer Eingabe nicht gefolgt ist,[804] in Bayern muss eine Eingabe zugleich an die Behördenleitung gerichtet werden.[805] Einzelne Landesgesetze[806] enthalten **Verbote der dienstlichen Maßregelung** von Whistleblowern (Brandenburg[807], Rheinland-Pfalz[808]), teils darf deren Identität grundsätzlich nicht preisgegeben werden[809] (Brandenburg[810], Niedersachsen[811], Rheinland-Pfalz[812]).

4. Auskunftsverweigerungsrechte

Den jeweiligen Landesregierungen werden in nahezu allen Bundesländern explizit **Auskunftsverweigerungsrechte** hinsichtlich der Information von Kontrollgremien und Parlament eingeräumt.[813] Der Detaillierungsgrad der gesetzlichen Verankerung dieser Auskunftsverweigerungsrechte in den jeweiligen Landesgesetzen unterscheidet sich sehr. [814] Am häufigsten werden als Verweigerungsgrund öffentliche und nachrichtendienstliche Belange, wie der **Schutz des Nachrichtenzugangs oder der Arbeitsweise** des Landesamtes für Verfassungsschutz genannt (Baden-Württem- 110

799 § 25 V BbgVerfSchG.
800 § 27 HmbVerfSchG.
801 § 37 I NVerfSchG.
802 § 37 I LVerfSchG RhPf.
803 § 31 I ThürVerfSchG.
804 § 25 VI VSG NRW.
805 § 8 I PKGG, dazu *Singer*, § 8 PKGrG Rn. 3-4.
806 Ebenso auf Bundesebene: § 8 I PKGrG.
807 § 25 V BbgVerfSchG.
808 § 37 I LVerfSchG RhPf.
809 Ebenso auf Bundesebenen: § 8 I PKGr.
810 § 25 V BbgVerfSchG.
811 § 37 I NVerfSchG.
812 § 37 I LVerfSchG RhPf.
813 Zu Grds. dazu BVerfGE 156, 270 - Amri-Untersuchungsausschuss, Benennung von V-Person-Führer; *BVerfG*, Urt. v. 14.12.2022, Az. 2 BvE 8/21, Parlamentarisches Fragerecht zum BfV.
814 *Wittmoser*, Die Landesämter für Verfassungsschutz, S. 134-141.

berg[815], Bayern[816], Bremen[817], Hamburg[818], Nordrhein-Westfalen[819], Rheinland-Pfalz[820], Sachsen[821], Thüringen[822]). Hinzu kommen der Schutz von **Persönlichkeitsrechten Dritter** (Baden-Württemberg[823], Bayern[824], Bremen[825] , Hamburg[826], Nordrhein-Westfalen[827], Rheinland-Pfalz[828], Thüringen[829]) und der **Kernbereich exekutiver Eigenverantwortung** (Baden-Württemberg[830], Bayern[831], Bremen[832], Hamburg[833], Nordrhein-Westfalen[834], Rheinland-Pfalz[835] und Thüringen[836]).

815 § 16 e II S. 1 LVSG BW.
816 Art. 6 II S. 1 PKGG.
817 § 28 IV S. 1 BremVerfSchG.
818 § 26 IV S. 2 HmbVerfSchG: oder soweit gesetzliche Vorschriften entgegenstehen.
819 § 25 III S. 2 VSG NRW.
820 § 35 II S. 1 LVerfSchG RhPf.
821 § 17 Il S. 2 SächsVSG.
822 § 28 II S. 1 ThürVerfSchG.
823 § 16 e II S. 1 LVSG BW.
824 Art. 6 II S. 1 PKGG.
825 § 28 IV S. 1 BremVerfSchG.
826 § 26 IV S. 2 HmbVerfSchG.
827 § 25 III S. 2 VSG NRW.
828 § 35 II S. 1 LVerfSchG RhPf.
829 § 28 II S. 1 ThürVerfSchG.
830 § 16 e II S. 1 LVSG BW.
831 Art. 6 II S. 1 PKGG.
832 § 28 IV S. 1 BremVerfSchG.
833 § 26 IV S. 2 HmbVerfSchG.
834 § 25 III S. 2 VSG NRW.
835 § 35 II S. 1 LVerSchG RhPf.
836 § 28 II S. 1 ThürVerfSchG.

Teils sind die **Verweigerungsgründe eher vage, allgemein umschrieben** (Berlin[837], Brandenburg[838], Hessen[839], Mecklenburg-Vorpommern[840], Saarland[841], Sachsen[842], Sachsen-Anhalt[843]).

Konstruktiv anders sind dagegen Auskunftsverweigerungsrechte in Niedersachsen und Schleswig-Holstein geregelt: Hier sind **Auskunftsverweigerungsrechte in den Landesverfassungen** selbst enthalten (Niedersachsen[844], Schleswig-Holstein[845]), worauf im Niedersächsischen LVerfSchG auch in anderem Zusammenhang verwiesen wird[846]. 111

In der Regel ist in den Landesgesetzen ein gesondertes **Begründungserfordernis** der Auskunftsverweigerung gegenüber dem jeweiligen Kontrollgremium enthalten (Baden-Württemberg[847], Bayern[848], Berlin[849], Bre- 112

837 § 35 III 1 VSG Bln: „... *wenn dies erforderlich ist, um vom Bund oder einem deutschen Land Nachteile abzuwenden.*".

838 § 25 I 4 BbgVerfSchG:. „*sofern dem nicht überwiegende öffentliche oder private Belange entgegenstehen.*".

839 § 3 II HessVerfSchKG: „*unter Beachtung des notwendigen Schutzes der Quellen durch die politische Verantwortung der Landesregierung...*".

840 § 29 Abs. 2 S. 1 LVerfSchG M-V: „... *soweit öffentliche Geheimschutzinteressen, insbesondere die Aufrechterhaltung des Nachrichtenzugangs, oder berechtigte Interessen eines Einzelnen dem nicht entgegenstehen.*".

841 § 24 S. 4 SVerfSchG: „ ... *wenn es im Einzelfall die Erfüllung der Aufgaben .... erheblich gefährden würde.*".

842 § 17 II S. 2 SächsVSG: „... *wenn es im Einzelfall die Erfüllung der Aufgaben des Landesamtes für Verfassungsschutz oder den notwendigen Schutz des Nachrichtenzugangs gefährden würde.*".

843 § 27 II S. 2 VerfSchG-LSA „.... *wenn es im Einzelfall die Erfüllung der Aufgaben der Verfassungsschutzbehörde erheblich gefährden würde;*".

844 Art. 24 III S. 1 Nds. Verf: „*Die Landesregierung braucht dem Verlangen nicht zu entsprechen, soweit dadurch die Funktionsfähigkeit und Eigenverantwortung der Landesregierung wesentlich beeinträchtigt würden oder zu befürchten ist, dass durch das Bekanntwerden von Tatsachen dem Wohl des Landes oder des Bundes Nachteile zugefügt oder schutzwürdige Interessen Dritter verletzt werden.*".

845 Art. 29 III 1 Schl.-H. Verf: „ *Die Landesregierung kann die Beantwortung von Fragen, die Erteilung von Auskünften oder die Vorlage von Akten ablehnen, wenn dem Bekanntwerden des Inhalts gesetzliche Vorschriften oder Staatsgeheimnisse oder schutzwürdige Interessen Einzelner, insbesondere des Datenschutzes, entgegenstehen oder wenn die Funktionsfähigkeit und die Eigenverantwortung der Landesregierung beeinträchtigt werden.*".

846 § 38 S. 3 NVerfSchG.

847 § 16 e II S. 2 LVSG BW; S. 3: „*Die Entscheidung der Landesregierung kann im Verwaltungsrechtsweg angefochten werden.*"

848 Art. 6 II S. 2 PKGG.

849 § 35 III S. 1 VSG Bln.

men[850], Brandenburg[851], Hamburg[852], Mecklenburg-Vorpommern[853], Nordrhein-Westfalen[854], Niedersachsen - in der Landesverfassung[855], Rheinland-Pfalz[856], Sachsen[857], Sachsen-Anhalt[858], Schleswig-Holstein – in der Landesverfassung[859], Thüringen[860]).

5. Berichtspflichten gegenüber Landesparlamenten

113 Mehrere Landesverfassungsschutzgesetze sehen vor, dass das Kontrollgremium eine Pflicht trifft, dem jeweiligen Landesparlament regelmäßig über seine **Tätigkeit zu berichten** (Baden-Württemberg[861], Bayern[862], Brandenburg[863], Hamburg[864], Hessen[865], Niedersachsen[866], Nordrhein-Westfalen[867], Rheinland-Pfalz[868], Sachsen-Anhalt[869], Thüringen[870]). Hinsichtlich der **Berichtsfrequenz**, in der dies zu erfolgen hat, unterscheiden sich die Vorgaben: Teils ist ein jährlicher Bericht vorgesehen (Brandenburg[871], Ham-

850 § 28 IV S. 2 BremVerfSchG.
851 § 25 I S. 5 BbgVerfSchG.
852 § 26 IV S. 3 HmbVerfSchG.
853 § 29 II S. 1 LVerfSchG M-V.
854 § 25 III S. 3 VSG NRW: *„.. auf Wunsch des Parlamentarischen Kontrollgremiums ...".*
855 Art. 24 III S. 2 Nds. Verf.
856 § 35 II S. 2 LVerfSchG RhPf.
857 § 17 II S. 2 u 3 SächsVSG: *„... ‚er hat dies zu begründen. Entfallen die Gründe für Satz 2, so ist die Auskunftserteilung unverzüglich nachzuholen.".*
858 § 27 II S. 2 VerfSchG-LSA.
859 Art. 29 III S. 2, 3 Schl-H. Verf.
860 § 28 II S. 2 ThürVerfSchG.
861 § 16 j S. 1 LVSG BW.
862 Art. 10 S. 1 PKGG.
863 § 26 VII BbgVerfSchG.
864 § 25 VII S. 1 HmbVerfSchG; S. 2: *„Dabei nimmt er auch dazu Stellung, ob der Senat seinen Pflichten gegenüber dem Ausschuss nachgekommen ist.".*
865 § 6 S. 1 HessVerfSchKG; S. 2: *„ Dabei nimmt sie insbesondere dazu Stellung, ob die Landesregierung ihrer Unterrichtungspflicht zu Vorgängen von besonderer Bedeutung nachgekommen ist.".*
866 § 40 I, II NVerfSchG.
867 § 28 VSG NRW.
868 § 38 LVerfSchG RhPf.
869 § 27 III VerfSchG-LSA.
870 § 33 ThürVerfSchG.
871 § 26 VII BbgVerfSchG.

burg[872], Hessen[873], Niedersachsen[874], Nordrhein-Westfalen[875], Rheinland-Pfalz[876]), teils zu Mitte und Ende der Legislaturperiode (Baden-Württemberg[877], Bayern[878], Hessen[879], Rheinland-Pfalz[880], Sachsen-Anhalt[881]), mindestens alle zwei Jahre (Thüringen[882]) oder es wird zudem die Möglichkeit eingeräumt, anlassbezogene Berichte abzugeben (Hamburg[883]).

6. Haushaltskontrolle

Der Haushalt des Bundesamtes für Verfassungsschutz unterliegt einer besonderen haushaltsrechtlichen Kontrolle.[884] Das ansonsten dem Parlament in seiner Gesamtheit zustehende Budgetrecht wird hierfür durch § 10 a II Bundeshaushaltsordnung (BHO) dahingehend abgewandelt, dass die geheimen Wirtschaftspläne des BfV anstatt durch den Haushaltsausschuss durch das sog. **Vertrauensgremium** geprüft und gebilligt werden. Das Vertrauensgremium nimmt also stellvertretend für den deutschen Bundestag die Budgetverantwortung wahr. Zur Vermeidung von Rückschlüssen auf Struktur, Schwerpunkte und Arbeitsweise wird der Haushaltsausschuss des Bundestages lediglich über die Endsummen des dem Bundesamt für Verfassungsschutz zur Verfügung gestellten Geldes, nicht aber über deren Zweckbestimmung im Einzelnen informiert[885]. 114

Dem § 10 a II BHO **vergleichbare Regelungslage auf Landesebene** für die Landesverfassungsschutzbehörden besteht nur in abgewandelter Form und 115

872 § 25 VII S. 1 HmbVerfSchG.
873 § 6 S. 3 HessVerfSchKG: *„... über die Durchführung sowie Art, Umfang und Anordnungsgründe der Auskunftsersuchen und Maßnahmen nach den §§ 7, 9, 10 und 11 II des Hessischen Verfassungsschutzgesetzes; ...“.*
874 § 40 I, II NVerfSchG.
875 § 28 VSG NRW.
876 § 38 S. 2, 3 LVerfSchG RhPf: *„...über die Einholung von Auskünften nach § 13 Abs. 1 bis 4 ...“.*
877 § 16 j S. 1 LVSG BW.
878 Art. 10 S. 1 PKGG.
879 § 6 S. 1 HessVerfSchKG: *„... über ihre Kontrolltätigkeit ...“.*
880 § 38 S. 1 LVerfSchG RhPf: *„...über ihre Kontrolltätigkeit.“.*
881 § 27 III S. 1 VerfSchG-LSA.
882 § 33 ThürVerfSchG.
883 § 25 VII S. 1 HmbVerfSchG.
884 Dazu *Droste*, HbB-VerfSchR, S. 621 ff; *Hirsch*, Die Kontrolle der Nachrichtendienste, S. 136-137.
885 § 10 a BHO.

mit unterschiedlichen Regelungsinhalten. Die parlamentarische Kontrolle umfasst aus zwingenden Gründen des Geheimschutzes auch die Haushaltsangelegenheiten, so dass der das Aufgabengebiet des Verfassungsschutzes betreffende Teil des Haushaltsplans der Zustimmung des Parlamentarischen Kontrollgremiums bedarf (Brandenburg[886], Hamburg[887], Nordrhein-Westfalen[888]) bzw. zur Mitberatung zugeleitet wird (Hessen[889], Sachsen-Anhalt[890]). Vor der Beratung im Haushaltsausschuss wird er in Mecklenburg-Vorpommern[891] der Parlamentarischen Kontrollkommission zur Stellungnahme überwiesen. In Thüringen ist lediglich eine Beratung von Haushaltsvorlagen zum Verfassungsschutz vom Haushalts- und Finanzausschuss in vertraulicher Sitzung vorgegeben.[892] Über den Vollzug des Wirtschaftsplans im Haushaltjahr, soweit es dem Verfassungsschutz zugewiesene Titel betrifft, ist in einzelnen Ländern das Parlamentarische Kontrollgremium zu unterrichten (Hessen[893], Mecklenburg-Vorpommern[894], Sachsen-Anhalt[895]).

III. G-10-Kontrolle

116 § 16 des Artikel 10-Gesetzes verpflichtet die Landesgesetzgeber, die **Kontrolle von G-10-Maßnahmen** zu regeln.[896] Während nahezu alle Bundesländer dies in einem separaten Ausführungsgesetz zum Artikel 10-Gesetz geregelt haben, haben Nordrhein-Westfalen[897] und Schleswig-Holstein[898]

886 § 18 I Haushaltsgesetz 2022 Bbg.
887 § 26 I S. 2, 3 HmbVerfSchG.
888 § 23 I S. 2 VSG NRW.
889 § 4 V HessVerfSchutzKG.
890 § 27 I S. 4 VerfSchG-LSA.
891 § 29 IV S. 1 LVerfSchG M-V.
892 § 34 ThürVerfSchG.
893 § 3 V HessVerfSchKG.
894 § 29 IV S. 2 LVerfSchG M-V.
895 § 27 I S. 5 VerfSchG-LSA.
896 § 16 Artikel 10-Gesetz: *„Durch den Landesgesetzgeber wird die parlamentarische Kontrolle der nach § 10 Abs. 1 für die Anordnung von Beschränkungsmaßnahmen zuständigen obersten Landesbehörden und die Überprüfung der von ihnen angeordneten Beschränkungsmaßnahmen geregelt. Personenbezogene Daten dürfen nur dann an Landesbehörden übermittelt werden, wenn die Kontrolle ihrer Verarbeitung durch den Landesgesetzgeber geregelt ist.*".
897 § 30 VSG NRW.
898 § 26 a LVerfSchG S-H.

die Bestimmungen dagegen in die jeweiligen Landesverfassungsschutzgesetze integriert. Im Bereich der G-10-Kontrolle bestehen ansonsten deutlich geringere Abweichungen als im Bereich der allgemeinen parlamentarischen Kontrolle.[899]

Die meisten Bundesländer sehen eine gleichartige **personelle Zusammensetzung der jeweiligen G 10-Kommission auf Landesebene** vor, nämlich bestehend aus einem Vorsitzenden, der die Befähigung zum Richteramt besitzen muss, und zwei Beisitzern (Baden-Württemberg[900], Bayern[901], Brandenburg[902], Bremen[903], Hessen[904], Niedersachsen[905], Rheinland-Pfalz[906], Schleswig-Holstein[907], Sachsen[908]). Diese Gesetze sehen auch jeweils die **Wahl von Stellvertretern** vor. Teils ist eine höhere Zahl an Beisitzern und Stellvertretern vorgesehen (Mecklenburg-Vorpommern[909] und Sachsen-Anhalt[910]: drei Beisitzer und vier Stellvertreter; Nordrhein-Westfalen[911] und Hamburg[912]: vier Beisitzer und fünf Stellvertreter), teils keine Wahl von Stellvertretern (Rheinland-Pfalz[913] und Thüringen[914]). In seltenen Fällen ist die Besetzung **gesetzlich gekoppelt an den Proporz der parlamentarischen Vertretung**: In Berlin[915] entspricht die Anzahl der Beisitzer der Anzahl der im Abgeordnetenhaus vertretenen Fraktionen, woraus sich auch die Zahl der Stellvertreter ergibt. Im Saarland überprüft der Ausschuss für Fragen des Verfassungsschutzes die Anordnungen von Beschränkungsmaßnahmen, und die Anzahl der Mitglieder der G-10-Kommission ist auch die 117

899 Umfassend dazu: *Bantlin*, Die G 10-Kommission, 2021.
900 § 2 V AG G 10 BW.
901 Art. 2 VI AGG 10 Bay.
902 § 2 I G10AGBbg.
903 § 3 AGG 10 Brem.
904 § 5 I HAGArt10G.
905 § 3 I Nds AG G 10.
906 § 1 II AGG 10 RhPf.
907 § 26 a II LVerfSchG S-H.
908 § 3 I SächsAG G10.
909 § 2 III AG G 10 M-V.
910 § 4 I AGG 10-LSA.
911 § 30 I VSG NRW.
912 § 2 I HmbG10AusfG.
913 § 1 AG G 10 RhPf.
914 § 2 AGG 10 Thür.
915 § 2 IV AG G 10 Bln.

gleiche, wie die der Mitglieder des Ausschusses für Fragen des Verfassungsschutzes.[916]

118 Die **Kontrollrechte der G-10-Kommissionen** auf Länderebene sind weitestgehend gleichartig ausgestaltet. Danach haben die Kontrollkommissionsmitglieder Auskunftsrechte, Einsichtsrechte und Zutrittsrechte, die nahezu identisch beschrieben werden (Baden-Württemberg[917], Bayern[918], Berlin[919], Bremen[920], Hamburg[921], Hessen[922], Mecklenburg-Vorpommern[923], Niedersachsen[924], Nordrhein-Westfalen[925], Rheinland-Pfalz[926], Saarland[927], Sachsen[928], Sachsen-Anhalt[929], Schleswig-Holstein[930], Thüringen[931]). Nur das Landesgesetz von Brandenburg enthält neben der Entscheidung über die Zulässigkeit und Notwendigkeit von Beschränkungsmaßnahmen[932] hierzu keine näheren Ausführungen.

119 In unterschiedlichen zeitlichen Abständen ist eine **Unterrichtung der parlamentarischen Kontrollgremien** über Beschränkungsmaßnahmen nach dem Artikel 10-Gesetz vorgesehen. Die zeitlichen Intervalle bewegen sich zwischen mindestens einmal jährlich und auf Anforderung (Bayern[933]), mindestens alle sechs Monate (Baden-Württemberg[934], Bremen[935], Nieder-

916 § 3 I S. 1 G10DG S; folglich ist § 23 I SVerfSchG maßgebend.
917 § 2 IV AG G 10 BW.
918 Art. 2 V AGG 10 Bay.
919 § 2 II AG G 10 Bln.
920 § 3 I AGG 10 Bre.
921 § 1 V HmbG10AusfG.
922 § 4 I HAGArt10G.
923 § 2 I AG G10 M-V.
924 § 4 II Nds AG G 10.
925 § 30 V VSG NRW.
926 § 2 III AGG 10 RhPf.
927 § 3 VI G10DG S.
928 § 2 II SächsAG G10.
929 § 5 II AGG 10-LSA.
930 § 26 a I LVerfSchG S-H i.V.m. § 15 V Artikel 10-G.
931 § 3 II AGG 10 Thür.
932 § 3 I S. 2 G10AGBbg.
933 Art. 3 AGG 10 Bay.
934 § 2 I AG G 10 BW.
935 § 2 AG G 10 Bre.

sachsen[936], Nordrhein-Westfalen[937], Saarland[938], Thüringen[939]), auf Anforderung, aber mindestens alle sechs Monate (Berlin[940], Mecklenburg-Vorpommern[941], Sachsen[942]), mindestens alle drei Monate (Rheinland-Pfalz[943], Sachsen-Anhalt[944]) oder alle drei Monate und auf Anforderung (Brandenburg[945]).

IV. Datenschutzkontrolle

Die **Kontrolle durch die Landesdatenschutzbeauftragten** ist in den jewei- 120
ligen Landesverfassungsschutzgesetzen verankert. Hierbei wird entweder auf das Landesdatenschutzgesetz (Baden-Württemberg[946], Bayern[947], Berlin[948], Brandenburg[949], Bremen[950], Hamburg[951], Hessen[952], Mecklenburg-Vorpommern[953], Niedersachsen[954], Rheinland-Pfalz[955], Saarland[956], Sachsen[957], Sachsen-Anhalt[958], Schleswig-Holstein[959], Thüringen[960]) verwiesen oder im Einzelfall auf das Bundesdatenschutzgesetz (Nordrhein-Westfalen[961]).

936 § 2 II Nds. AG G 10.
937 § 25 I 3 VSG NRW: gegenüber dem Parlamentarischen Kontrollgremium.
938 § 2 II G10DG S: gegenüber dem Ausschuss für Fragen des Verfassungsschutzes.
939 § 4 S. 1 AGG 10 Thür.
940 § 3 AG G 10 Bln.
941 § 4 AG G 10 M-V.
942 § 4 SächsAG G10: mindestens zweimal im Jahr.
943 § 4 AG G 10 RhPf.
944 § 3 AGG 10-LSA.
945 § 4 G10AG Bbg.
946 § 17 LVSG BW.
947 Art. 28 BayVSG.
948 § 38 LVSG Bln.
949 § 27 BbgVerfSchG.
950 § 31 BremVerfSchG.
951 § 26 VI HmbVerfSchG.
952 § 4 IV HVSG.
953 § 30 LVerfSchG M-V.
954 § 39 NVerfSchG.
955 § 39 LVerfSchG RhPf; ebenso § 3 AG G-10 RhPf.
956 § 25 SVerfSchG.
957 §§ 18, 19 SächsVSG.
958 § 28 VerfSchG-LSA.
959 § 29 LVSG Schl-H.
960 § 39 ThürVerfSchG.
961 § 31 II VSG NRW.

E. Schlussfolgerungen

121 Wenig überraschend zeigt sich bei der Untersuchung von 16 Landesverfassungsschutzgesetzen, trotz der grundsätzlich gleichartigen Regelungsgegenstände, im Detail in nahezu allen Bereichen eine **große Regelungsvielfalt.** Das muss per se einer sachgerechten Regelung nicht abträglich sein: Eine dezentrale Gesetzgebungszuständigkeit der Bundesländer ermöglicht es, dass einzelne Länder neue Regelungsansätze testen können und andere Bundesländer diese übernehmen oder verwerfen können; ebenso können Regelungen an örtliche Gegebenheiten angepasst werden.[962]

122 Unterschiede ergeben sich hier aber nicht nur hinsichtlich des materiellen Regelungsgehalts, die häufig gering – aber nicht unwesentlich – ausfallen, sondern auch da die jeweiligen LVerfSchG, was die von dem jeweiligen Gesetzgeber gewählten Regelungstechniken angehen, teils erheblich voneinander abweichen. Kennzeichnend ist eine sehr **uneinheitliche Organisation der Gesetzesmaterie** schon in größeren Strukturfragen. Dies zeigt sich insbesondere in Fragen der Kontrolle: Während die meisten Bundesländer die parlamentarische Kontrolle innerhalb der jeweiligen LVerfSchG geregelt haben, haben zwei Bundesländer (Bayern und Hessen), hierzu gesonderte Gesetze geschaffen.[963] Diese **uneinheitliche Nutzung von Regelungstechniken** zieht sich bei vergleichender Betrachtung wie ein roter Faden durch alle Bereiche der Landesverfassungsschutzgesetze.

I. Aufgaben

123 Im Vergleich zu Fragen der Befugnisse und Kontrolle weisen die LVerfSchG hinsichtlich der Aufgabenzuweisung an die LfV noch **die geringsten Abweichungen** auf. Lediglich zu den Themen der Aufklärung Organisier-

962 *Uhle*, in Dürig/Herzog/Scholz (Hrsg.), GG Art. 71 Rn. 45.

963 Bayern: Parlamentarisches Kontrollgremium-Gesetz - PKKG v. 08. November 2010 (GVBl S. 722) BayRS 12-4-I.; Hessen: Gesetz zur parlamentarischen Kontrolle des Verfassungsschutzes in Hessen (Verfassungsschutzkontrollgesetz) v. 25.06. 2018 (GVBl. 2018 S. 302, 317).

te Kriminalität[964] und Aufklärungs- und Abwehrdienste der ehemaligen DDR[965] treffen die LVerfSchG abweichende Regelungen. Hier bestehen aufgrund der größeren Bindung durch bundesgesetzliche Vorgaben auch nur geringe Möglichkeiten für landesgesetzliche Abweichungen.[966] Grundsätzliche Fragen zum Aufgabenumfang und der hinreichenden Bestimmtheit, wie aufgrund welcher Verhaltensweise sich Datenerhebung gegen welche Individuen richten darf, stellen sich schon grundsätzlich auf bundesrechtlicher Ebene.[967] Fragen struktureller Änderung, wie die vereinzelt vertretene Idee einer Konzentration der nachrichtendienstlichen Spionageabwehr beim BND,[968] bewegen sich auf der Ebene *de lege ferenda* und nicht *de lege lata*.

Sonstige **Mitwirkungsaufgaben** werden hingegen in sehr unterschiedlichem Maße in den Landesverfassungsschutzgesetzen niedergelegt.[969]

2. Befugnisse

124 Ein verstärkt auftretender Gestaltungswille der Landesgesetzgeber in Fragen des Verfassungsschutzrechts hat auch zu einer zunehmenden Diversifizierung und uneinheitlichen Ausgestaltung der Befugnisse geführt. Diesbezüglich ist auch zutreffend von einer „**fehlenden Ordnungsidee**“ die Rede.[970] Hierzu bietet die verfassungsrechtliche Rechtsprechung neue Orientierung. Gerade im Bereich der Befugnisse besteht in vielen LVerfSchG ein **erheblicher Anpassungsbedarf** nach dem Urteil des BVerfG zum BayVSG (s.o. Rn. 39, 42, 47). Bayern kommt deshalb nunmehr eine Rolle als ein Art Taktgeber für die Gesetzgebung in diesem Bereich zu[971]. Andere Bundesländer werden gezwungen sein, diese weitgehend nachzuvollziehen, wie aktuell bereits Hessen.

---

964 S.o. Rn. 21.
965 S.o. Rn. 22.
966 S.o. Rn. 18-20.
967 *Schneider*, ZD 2021, S. 360 (365).
968 So *Banzhaf*, Die Ämter für Verfassungsschutz, S. 325 fragl. dazu allerdings die Grundannahmen, soweit rechtl., begr., *ibid*, S. 322-325.
969 S.o. Rn. 28.
970 *Dietrich*, Verfassungsschutz in der föderalen Ordnung, S. 938.
971 *Sehl*, Verfassungsschutz neu gemacht in Bayern?, Legal Tribune Online v. 15.09.2022, https://www.lto.de/recht/hintergruende/h/verfassungsschutz-bayern-bverfg-1bvr1619-17-sicherheit-ueberwachung-reform-bund-laender/

Hinsichtlich der Eingriffsbefugnisse zur Informationsgewinnung besteht eine **große Heterogenität der Regelungen zum Einsatz nachrichtendienstlichen Mittel.** Hier ist schon die grundsätzliche Regelungstechnik uneinheitlich und reicht von einer reinen Benennung in einer Dienstvorschrift[972] bis zu einer enumerativen Aufzählung dieser Mittel.[973] Uneinheitlich fallen die Regelungen zur Begrenzung der Anwerbung von Personen als V-Personen aus,[974] wobei diese teils sehr spezifisch, teils vage ausfallen. Bei technischen Mitteln weichen die Befugnisnormen noch deutlicher voneinander ab: Der Einsatz von IMSI-Catchern ist teilweise in den Landesgesetzen vorgesehen, teils fehlt er vollkommen.[975] Ebenso sind teils Regelungen zur Quellen-TKÜ vorhanden, teils fehlen sie[976], wie auch zur Online-Durchsuchung.[977] Daraus resultieren mitunter **abweichende Tatbestandsvoraussetzungen für prinzipiell gleichartige Grundrechtseingriffe,** kann jedoch umgekehrt ebenso den Schutzauftrag der Nachrichtendienste unterlaufen.[978] Vorgaben der Verfassungsrechtsprechung machen hierzu eine Vereinheitlichung hinsichtlich der Eingriffsschwellen erforderlich.[979] 125

Ebenso fällt die Ausgestaltung der Regelungen der Informationsverarbeitung und **Informationsübermittlung uneinheitlich** aus. Dies ist insbesondere zu der Regelung der Übermittlungspflichten in Angelegenheiten des Staats- und Verfassungsschutzes der Fall.[980] Im Spannungsfeld zwischen Strafverfolgung und Quellenschutz wird hier insofern keine einheitliche Grenzziehung vorgenommen.[981] Eine aufgrund weiter Ermessenvorschriften uneinheitliche Übermittlungspflicht bei bestimmten Straftaten kann für die Zusammenarbeit zwischen LfV und Strafverfolgungsbehörden starke Einschränkungen nach sich ziehen.[982] Die verfassungsrechtlichen Vorga- 126

972 Art. 8 II BayVSG a.F..
973 § 8 LVSG Bln.
974 S.o. Rn. 34-39.
975 S.o. Rn. 50-51.
976 S.o. Rn. 48-49.
977 S.o. Rn. 45-47.
978 *Gärditz*, AöR 2019, S. 81 (85).
979 Dazu: *Löffelmann*, GSZ 2023, 92-95.
980 S.o. Rn. 77-79.
981 Z.B. § 19 LVSG SchlH; § 21 II ThürVerfSchG, dazu: *Dietrich*, Verfassungsschutz in der föderalen Ordnung, S. 939.
982 *Schäfer/Wache/Meiborg*, Gutachten zum Verhalten der Thüringer Behörden und Staatsanwaltschaften bei der Verfolgung des „Zwickauer Trios" v. 14.05.2012, Rn. 485 ff..

ben erzeugen hierzu einen erheblichen Gesetzgebungsbedarf.[983] Letztendlich bringen diese Abweichungen aufgrund einer unterschiedlichen Aufklärungstiefe die **Gefahr einer uneinheitlichen Sicherheitsgewährleistung** zu verfassungsfeindlichen Bestrebungen mit sich.

3. Kontrolle

127 Deutlicher als in anderen Regelungsbereichen besteht hinsichtlich der parlamentarischen Kontrollgremien eine **sehr uneinheitliche Terminologie**,[984] ohne dass damit Gremien mit abweichenden Funktionen gemeint wären. Dennoch wird hier durch abweichende Terminologien eine Vergleichbarkeit erschwert und eine Andersartigkeit suggeriert, ohne dass diese sachlich vorläge. Das alleine macht jedoch noch keinen wesentlichen Unterschied hinsichtlich der Kontrolle aus, doch unterscheiden sich die den Kontrollgremien zur Verfügung stehenden Instrumentarien, beispielsweise was die Hinzuziehung von Personal[985] und Regelungen betreffend Whistleblower[986] angeht. Zur **Vermeidung eines „Kontrollgefälles“** erscheint es daher geraten, bestimmte Kontrollmechanismen, wie z.B. Akteneinsichtsrechte[987] und die Befassung eines Sachverständigen einheitlich in die LVerfSchG zu integrieren.[988] Deutlich einheitlicher fällt dagegen die G-10-Kontrolle aus.[989]

4. Zusammenfassung

128 Bei einer Diskussion zur Vereinheitlichung, Veränderung oder Verbesserung ist dies auch immer eine **Frage der Perspektive, in welcher Hinsicht Änderungsbedarf** bestehen mag: Sollen die rechtsstaatlich-bürgerrechtliche Qualität und Rechtsschutzgewährung der LVerfSchG untersucht werden oder Fragen der sachgerechten Aufgabenwahrnehmung der LfV und

983 Eingehend dazu: *Müller/Schwabenbauer*, in: GSZ 2023, S. 1 ff.; *Unterreitmeier*, GSZ 2023, S. 81-87.
984 s.o. Rn 91-92.
985 s.o. Rn 98.
986 s.o. Rn 109.
987 s.o. Rn 106.
988 Entspr.: *Michel*, GSZ 2021, S. 203.
989 s.o. Rn 116-118.

der adäquaten Kompetenzausstattung? Generell ist die Evaluation von Sicherheitsrecht eine relativ junge Materie, deren Methoden sich noch herausbilden.[990] Zum Verfassungsschutzrecht auf Landesebene fehlt es an einer einheitlichen, länderübergreifenden Gesetzesevaluation im Sinne eines strukturierten, staatlich veranlassten Verfahrens zur Bewertung von Gesetzen.[991]

Ein zentrales Thema in der rechtswissenschaftlichen, politikwissenschaftlichen und journalistischen Literatur, die reich an Reformvorschlägen zu Fragen des Nachrichtendienstrechts ist,[992] ist die Frage nach **Überregulierung oder Regelungsdefizit**. Hierzu existiert keine einheitliche Problembeschreibung: Zum Teil wird eine juristische Überregulierung beklagt, die einen Erdrosselungseffekt habe,[993] andererseits wird ein Regelungsdefizit mit zu geringer Einhegung von Inlandsaufklärung angenommen,[994] was gerade im Nachgang zum NSU-Skandal ab 2011[995] besonders verbreitet war.[996] Eine einheitliche Problembeschreibung wird in dieser Pauschalität auch nicht zu treffen sein. Eine Reform des Nachrichtendienstrechts auf Ebene der LfV ist ein an Komplexität nicht zu unterschätzendes Unterfangen, bei dem sich häufig keine offensichtlichen Lösungsansätze aufdrängen. Insofern bietet jüngste verfassungsgerichtliche Rechtsprechung willkommene Leitlinien.[997] Die Rechtsprechung hat hier einen **umfassenden Regelungsbedarf** identifiziert und diesen insbesondere zu grundrechtlichen Eingriffsschwellen dargelegt. 129

---

990 *Kugelmann*, Die Evaluierung von Polizei- und Sicherheitsgesetzen, in: *Gusy*, Evaluation von Sicherheitsgesetzen 2015, S. 153-169.

991 *Gusy/Kapitza*, Evaluation von Sicherheitsgesetzen, in *Gusy* (Hrsg.), Evaluation von Sicherheitsgesetzen, 2015, S. 9-36.

992 *Lange/Lanfer* (Hrsg.), Verfassungsschutz: Reformperspektiven zwischen administrativer Effektivität und demokratischer Transparenz 2015; *Leggewie/Meier*, Nach dem Verfassungsschutz- Plädoyer für eine neue Sicherheitsarchitektur der Berliner Republik 2014.

993 *Grumke/Van Hüllen*, Der Verfassungsschutz, S. 221, dtl. differenziert NDRecht-Hdb/*Dietrich*, III § 3 Rn 71.

994 *Aden/Lüders*, Vorgänge (2018), S. 131-141.

995 Zum Sachverhalt: BT-Drs. 17/14600; BT-Drs. 18/12950.

996 *v. Behrens*, KJ 2017, S. 38-50 m.w.N.

997 *BVerfG*, Urt. v. 26.04.2022, Az. 1 BvR 1619/17 = NJW 2022, 1583; dazu: *Gärditz*, GSZ 2022, S. 161-170; *Löffelmann*, JR 2022, S. 433-441; *Meiertöns*, JBÖS 2022/2023, S. 533-546.; außerdem: *BVerfG*, Beschl. v. 28.09.2022 - 1 BvR 2354/13 zur Verfassungswidrigkeit der Übermittlungsvorschriften des BVerfSchG.

130 Im Grundgesetz wird als Teil eines kooperativen Föderalismus eine strukturelle Grundentscheidung für eine staatliche **kooperative Sicherheitsverantwortung von Bund und Ländern** getroffen.[998] Die Verfassungsschutzbehörden von Bund und Ländern als Institutionen werden daher grundsätzlich vorausgesetzt und grundlegende, strukturelle Änderungen nur schwerlich umsetzbar.[999] Überlegungen zu **grundlegenden Reformmöglichkeiten**, wie ein „Hochzonen" von Aufgaben auf Bundesebene, Zusammenlegung einzelner Landesämter oder staatsvertragliche Kooperationsformen sind verfassungsrechtlich lohnende Überlegungen, die aber mit erheblichen realpolitischen Schwierigkeiten behaftet sind[1000] und daher zum Teil eher wie rechtsdogmatisches Glasperlenspiel anmuten.

131 Unterhalb dieser Ebene erscheint ein **Musterentwurf für die Verfassungsschutzgesetze der Länder** als lohnender Ansatz zur Vereinheitlichung sowohl von grundrechtlichen Eingriffsschwellen, als auch effektiver Aufgabenwahrnehmung.[1001] Weit größer als bei den Landespolizeigesetzen fallen die Abweichungen unter den Landesverfassungsschutzgesetzen aus. Es erscheint noch nicht einmal möglich, so etwas wie „**Rechtsfamilien**" zu einzelnen Gesetzen zu erkennen, wie dies z.B. bei historischen Stadtrechten möglich ist.[1002] Bereits die gewählten Regelungsmodelle und -strukturen unterscheiden sich dafür zu gravierend.

132 Die Ausgangslage im **Polizeirecht ist hier nur begrenzt vergleichbar**: Aufgrund vorangegangener Musterentwürfe für die Polizeigesetze der Länder aus den 1970er und 1980er Jahre sind diese nach mehreren Vereinheitlichungswellen bereits deutlich einheitlicher als die Landesverfassungsschutzgesetze.[1003] Dennoch hat die Innenministerkonferenz 2017 einen Beschluss zur Erarbeitung eines neuen Musterpolizeigesetzes zur Verein-

998 *Möstl*, Die Staatliche Garantie für Sicherheit und Ordnung 2002, S. 447 ff.

999 Zur Frage der Institutsgarantie: v. Mangoldt/Klein/Starck/*Heintzen*, 6. Aufl 2010, Art. 73 Abs. 1 Nr. 10; ähnl. BVerfGE 107, 339 (390) - Sondervotum d. Richter Sommer, Jentsch, Di Fabio und Mellinghoff. Zur Frage der Institutsgarantie von LfV: *Gärditz*, AöR 2019, 81 (125 f.).

1000 *Dietrich*, Verfassungsschutz in der föderalen Ordnung, S. 939: *Meiertöns* in: HdB SicherheitsR, § 18 Rn. 85; *Marscholleck*, NJW 2015, S. 3611-3616 (3611-12).

1001 *Meiertöns* in: HdB SicherheitsR, § 18 Rn. 84.

1002 *Isenmann*, Die deutsche Stadt im Mittelalter, S. 192 f..

1003 *Aden/Fährmann*, Gutachten und Vorstudie Polizeirecht vereinheitlichen? Kriterien für Muster-Polizeigesetze aus rechtsstaatlicher und bürgerrechtlicher Perspektive, Heinrich-Böll-Stiftung 2018, S. 11-16.

heitlichung des Polizeirechts in Deutschland gefasst.[1004] Dies verdeutlicht, dass bei zahlreichen Gesetzgebern eine **Rechtsangleichung ein kontinuierlicher Prozess** ist. Dieser könnte im Zuge der Erstellung eines solchen Musterentwurfes im Interesse einer einheitlichen Sicherheitsgewährleistung angeschoben werden.[1005]

Sicherheitsgewährung als Staatsaufgabe erfordert eine funktionale Sicherheitsarchitektur mit einem gefährdungsadäquaten Sicherheitsrecht.[1006] Sicherheit ist ein Wert mit Verfassungsrang, dessen Schutz im Bereich der nachrichtendienstlichen Inlandsaufklärung föderal organisiert ist. Eine angemessene Aufgabenwahrnehmung darf durch ebendiese Aufgabenverteilung nicht latent gefährdet werden. Daher ist bei den Landesverfassungsschutzgesetzten eine **strukturelle Vereinheitlichung dringend geboten**. Die Rechtlage ist länderübergreifend von einer unzureichenden Vorstrukturierung in den Gesetzen gekennzeichnet.

1004 IMK-Beschlüsse der 206. Sitzung, Berlin 16.06.2017, S. 43.
1005 *Graulich*, GSZ 2019, S. 9 f..
1006 *Thiel* in: HdB SicherheitsR, § 2 Rn. 47-48.

Anhänge

1. Tabellenteil

Gesetzliche Grundlagen der Verfassungsschutzbehörden
Synoptische Darstellung I

Gebietskörperschaft	Aufgabenzuweisung		
	Allgemein	Organisierte Kriminalität	Fortbestehende Strukturen des MfS
Bund (*BVerfSchG*)	§ 3 BVerfSchG	-	-
Baden-Württemberg (*LVSG BW*)	§ 3	-	-
Bayern (*BayVSG a.F.*)	Art. 3 i.V.m. § 3 BVerfSchG	Art. 3 S. 2	-
Berlin (*VSG Bln*)	§ 5	-	-
Brandenburg (*BbgVerfSchG*)	§ 3	-	-
Bremen (*BremVerfSchG*)	§ 3	-	-
Hamburg (*HmbVerfSchG*)	§ 4	-	-
Hessen (*HVSG*)	§ 2	§ 2 II Nr. 5	-
Mecklenburg-Vorpommern (*LVerfSchG M-V*)	§ 5	-	-
Niedersachsen (*NVerfSchG*)	§ 3	-	-
Nordrhein-Westfalen (*VSG NRW*)	§ 3	-	-
Rheinland-Pfalz (*LVerfSchG RhPf*)	§§ 5, 9	-	-

Gebietskörperschaft	Aufgabenzuweisung		
	Allgemein	Organisierte Kriminalität	Fortbestehende Strukturen des MfS
Saarland (*SVerfSchG*)	§ 3	§§ 3 I Nr. 4; 5 I Nr. 4	-
Sachsen (*SächsVSG*)	§ 2	-	§ 2 I Nr. 4
Sachsen-Anhalt (*VerfSchG-LSA*)	§§ 4, 4 a	-	§ 4 I Nr. 2
Schleswig-Holstein (*LVerfSchG S-H*)	§ 5	-	-
Thüringen (*ThürVerfSchG*)	§ 4	-	§ 4 I Nr. 5

Gesetzliche Grundlagen der Verfassungsschutzbehörden Synoptische Darstellung II

Gebietskörperschaft	Befugnisse		
	Informationsbeschaffung		
	Verdeckte Mitarbeiter	V-Personen	Tarnpapiere
Bund (*BVerfSchG*)	§§ 8 II, 9 a	§§ 9 a, 9 b	§ 8 II 1
Baden-Württemberg (*LVSG BW*)	§§ 5 a I, 6 a	§§ 5 a I, 6 a	§ 5 a I
Bayern (*BayVSG a.F.*)	Art. 18	Art. 19, 18 I-III	Art. 8
Berlin (*VSG Bln*)	§ 8 II Nr. 1, V + Verwaltungsvorschrift	§ 8 II Nr. 1, V + Verwaltungsvorschrift	§ 8 II Nr. 9
Brandenburg (*BbgVerfSchG*)	§§ 6 III Nr. 1; 6 a	§§ 6 III Nr. 1, 6 a, 6 b	§ 6 III Nr. 9
Bremen (*BremVerfSchG*)	§ 8 I Nr. 2, II-III, VIII	§§ 8 I Nr. 1; 8 b (8 b IV außer Kraft mit Ablauf 31.12.2022)	§ 8 I Nr. 10
Hamburg (*HmbVerfSchG*)	§§ 8 II Nr. 1, 8 a I	§§ 8 II Nr. 2; 8 a II	§ 8 II Nr. 10

Gebietskörperschaft	Befugnisse		
	Informationsbeschaffung		
	Verdeckte Mitarbeiter	V-Personen	Tarnpapiere
Hessen (*HVSG*)	§§ 5 II Nr. 6; 12	§§ 5 II Nr. 6; 13	§ 5 II Nr. 9
Mecklenburg-Vorpommern (*LVerfSchG M-V*)	§§ 10 I Nr. 2; 10 a	§§ 10 I Nr. 1; 10 a	§ 10 I Nr. 10
Niedersachsen (*NVerfSchG*)	§§ 14 I Nr. 9; 15; 18	§§ 14 I Nr. 6; 16	§ 14 II
Nordrhein-Westfalen (*VSG NRW*)	§§ 5 II Nr. 1; 7	§§ 5 II Nr. 1; 7	§ 5 II Nr. 9
Rheinland-Pfalz (*LVerfSchG RhPf*)	§ 10	§ 11	§ 9 II > Dienstvorschrift
Saarland (*SVerfSchG*)	§ 8 I + Dienstvorschrift	§ 8 I + Dienstvorschrift	§ 8 I > Dienstvorschrift
Sachsen (*SächsVSG*)	§ 5 I + Dienstvorschrift	§ 5 I + Dienstvorschrift	§ 5 I + Dienstvorschrift
Sachsen-Anhalt (*VerfSchG-LSA*)	§§ 7 III Nr. 1; 8 a	§§ 7 III Nr. 1; 8 b	§ 7 III Nr. 9
Schleswig-Holstein (*LVerfSchG S-H*)	§ 8 II S. 3 Nr. 1, VI	§ 8 II S. 3 Nr. 1, VI	§ 8 II S. 2 Nr. 2
Thüringen (*ThürVerfSchG*)	§§ 10 I Nr. 1; 12 I Nr. 4	§§ 10 I Nr. 1; 12	§ 10 I Nr. 9

Gesetzliche Grundlagen der Verfassungsschutzbehörden Synoptische Darstellung III

Gebietskörperschaft	Befugnisse		
	Informationsbeschaffung		
	Observation	Bild- und Tonaufzeichnungen	Wohnraumüberwachung
Bund (*BVerfSchG*)	§ 8 II	§ 8 II	§ 9 II
Baden-Württemberg (*LVSG BW*)	§ 5 a I	§ 5 a I + Dienstvorschrift	§ 6 I

Gebietskörperschaft	Befugnisse		
	Informationsbeschaffung		
	Observation	Bild- und Tonaufzeichnungen	Wohnraumüberwachung
Bayern (*BayVSG a.F.*)	Art. 8 I	Art. 8 I + Dienstvorschrift	Art. 9, 11
Berlin (*VSG Bln*)	§ 8 II Nr. 2	§ 8 II Nr. 3, 6	§ 9
Brandenburg (*BbgVerfSchG*)	§§ 6 III Nr. 2; 10	§§ 6 III Nr. 3, 6; 10	-
Bremen (*BremVerfSchG*)	§ 8 I Nr. 3	§ 8 I Nr. 4, 7	§ 9
Hamburg (*HmbVerfSchG*)	§ 8 II Nr. 3	§ 8 II Nr. 4, 7	§ 8 II S. 1 Nr. 7, III-VIII
Hessen (*HVSG*)	§§ 5 II Nr. 5; 11	§ 5 II Nr. 8	§§ 5 II Nr. 2; 7; 8
Mecklenburg-Vorpommern (*LVerfSchG M-V*)	§ 10 I Nr. 3	§ 10 I Nr. 4, 7	-
Niedersachsen (*NVerfSchG*)	§§ 14 I Nr. 4, 7; 17	§§ 14 I Nr. 5, 8, 10; 17	-
Nordrhein-Westfalen (*VSG NRW*)	§ 5 II Nr. 2	§§ 5 II Nr. 3, 6; 7 a	-
Rheinland-Pfalz (*LVerfSchG RhPf*)	§ 9 II > Dienstvorschrift	§§ 9 II, 17 + Dienstvorschrift	§ 18
Saarland (*SVerfSchG*)	§ 8 I	§ 8 I + Dienstvorschrift	§ 8 III-VI
Sachsen (*SächsVSG*)	§ 5 I	§ 5 I + Dienstvorschrift	§ 5 a
Sachsen-Anhalt (*VerfSchG-LSA*)	§ 7 III Nr. 2	§ 7 III Nr. 3, 6	§ 8 II-III
Schleswig-Holstein (*LVerfSchG S-H*)	§ 8 II S. 3 Nr. 3	§ 8 II S. 3 Nr. 2, 4	-
Thüringen (*ThürVerfSchG*)	§ 10 I Nr. 2	§ 10 I Nr. 3, 6	§ 11 II

Gesetzliche Grundlagen der Verfassungsschutzbehörden Synoptische Darstellung IV

Gebietskörperschaft	Befugnisse		
	Informationsbeschaffung		
	Telekommunikations-überwachung	Online-Durchsuchung	IMSI-Catcher
Bund (*BVerfSchG*)	§§ 9 II, III; 1 I, 3 I, 9 II Nr. 1 Artikel 10-Gesetz	-	§ 9 IV
Baden-Württemberg (*LVSG BW*)	§§ 5 d , 6 i.V.m. Artikel 10-Gesetz	-	§ 6 II
Bayern (*BayVSG a.F.*)	Art. 13 i.V.m. Artikel 10-Gesetz	Art. 10	Art. 12
Berlin (*VSG Bln*)	§ 8 II Nr. 10 i.V.m. Artikel 10-Gesetz	-	-
Brandenburg (*BbgVerfSchG*)	§ 6 III Nr. 10 i.V.m. Artikel 10-Gesetz	-	§ 6 III Nr. 11
Bremen (*BremVerfSchG*)	§ 8 I Nr. 11 i.V.m. Artikel 10-Gesetz	-	§ 8 I Nr. 12(außer Kraft mit Ablauf 31.12.2022)
Hamburg (*HmbVerfSchG*)	§ 8 II Nr. 11 1.V.m. Artikel 10-Gesetz	-	§ 8 X
Hessen (*HVSG*)	§§ 5 II Nr. 1; 6 i.V.m. Artikel 10-Gesetz	-	§§ 5 II Nr. 3; 9
Mecklenburg-Vorpommern (*LVerfSchG M-V*)	§ 10 I Nr. 11 i.V.m. Artikel 10-Gesetz	-	§ 10 VII
Niedersachsen (*NVerfSchG*)	§ 11 i.V.m. Artikel 10-Gesetz	-	§ 14 I Nr. 11
Nordrhein-Westfalen (*VSG NRW*)	§§ 5 II Nr. 10; 7 a i.V.m. Artikel 10-Gesetz	-	§ 7 b
Rheinland-Pfalz (*LVerfSchG RhPf*)	§ 12 i.V.m. Artikel 10-Gesetz	-	§ 15
Saarland (*SVerfSchG*)	§ 9 II S. 1 i.V.m.§§ 1 I, 3 I Artikel 10-Gesetz	-	§ 8 VII
Sachsen (*SächsVSG*)	§ 5 III i.V.m. Artikel 10-Gesetz	-	-

Gebietskörperschaft	Befugnisse		
	Informationsbeschaffung		
	Telekommunikations-überwachung	Online-Durchsuchung	IMSI-Catcher
Sachsen-Anhalt (*VerfSchG-LSA*)	§§ 1 I, 3 I, 9 II Nr. 2 Artikel 10-Gesetz	-	§ I7 a VI
Schleswig-Holstein (*LVerfSchG S-H*)	§ 8 IX i.V.m. Artikel 10-Gesetz	-	§ 8 II S.3 Nr. 6
Thüringen (*ThürVerfSchG*)	§ 10 I Nr. 10 i.V.m. Artikel 10-Gesetz	-	§§ 10 1 Nr. 11; 11 IV

Gesetzliche Grundlagen der Verfassungsschutzbehörden Synoptische Darstellung V

Gebietskörperschaft	Befugnisse		
	Informations-verarbeitung	Informationsübermittlung	
		Übermittlungs-pflichten	Spontanübermittlungs-befugnisse
Bund (*BVerfSchG*)	§§ 3 I, 10 - 14	§ 20	§ 19
Baden-Württemberg (*LVSG BW*)	§§ 7, 8	§ 10 II	§ 10 I, III - VI
Bayern (*BayVSG a.F.*)	Art. 5	Art. 25 II 2	Art. 25 I, I a, II 1, III
Berlin (*VSG Bln*)	§§ 8 I, 11, 12	§§ 19 - 21	§§ 22 - 25
Brandenburg (*BbgVerfSchG*)	§§ 3 I, 8, 8 a, 9	§ 17	§§ 16, 19
Bremen (*BremVerfSchG*)	§§ 6, 11, 12	§ 21	§ 20
Hamburg (*HmbVerfSchG*)	§§ 7 I, 9,10	§§ 13, 14 III	§ 12, 14 - 17
Hessen (*HVSG*)	§§ 4 VIII; 16	§§ 19, 20 II 3	§§ 20 - 23
Mecklenburg-Vorpommern (*LVerfSchG M-V*)	§§ 15 – 17	§§ 18, 19, 20 II	§§ 20 I, III-V, 21

Gebietskörperschaft	Befugnisse		
	Informations-verarbeitung	Informationsübermittlung	
		Übermittlungs-pflichten	Spontanübermitt-lungs-befugnisse
Niedersachsen (*NVerfSchG*)	§§ 26 - 28	§ 31	§§ 32, 32 a
Nordrhein-Westfalen (*VSG NRW*)	§§ 5 I, 8 - 13	§ 18	§ 17
Rheinland-Pfalz (*LVerfSchG RhPf*)	§§ 9, 23, 24	-	§ 26
Saarland (*SVerfSchG*)	§§ 7, 10 - 13	§ 17 III	§ 17 I, II, IV, V
Sachsen (*SächsVSG*)	§§ 4, 6	§ 12 II	§§ 12 I, III, IV, 12 a
Sachsen-Anhalt (*VerfSchG-LSA*)	§§ 7 I, 9 - 12	§ 19	§ 18
Schleswig-Holstein (*LVerfSchG S-H*)	§§ 11 - 14	§§ 17, 18	§§ 19, 20
Thüringen (*ThürVerfSchG*)	§§ 13 - 15	§ 21 II	§ 21 I, IV

Gesetzliche Grundlagen der Verfassungsschutzbehörden Synoptische Darstellung VI

Gebietskörperschaft	Kontrolle		
	Parlamentarische Kontrolle	G-10-Maßnahmen	Haushaltsrechtlich
Bund (*BVerfSchG*)	§§ 1, 4, 5 PKGrG	Artikel 10-Gesetz	§ 10 a BHO
Baden-Württemberg (*LVSG BW*)	§§ 16, 16 c, 16 d, 16 e	AG G 10 BW	
Bayern (*BayVSG a.F.*)	Art. 20 i.V.m . PKGG	AGG 10 Bay	
Berlin (*VSG Bln*)	§§ 33 I, 35	AG G 10 Bln	
Brandenburg (*BbgVerfSchG*)	§§ 23, 25	G10AGBbg	

Gebietskörperschaft	Kontrolle		
	Parlamentarische Kontrolle	G-10-Maßnahmen	Haushaltsrechtlich
Bremen (*BremVerfSchG*)	§§ 26 I, 28	AG G10 Brem	
Hamburg (*HmbVerfSchG*)	§§ 24, 26	HmbG10AusfG	§ 26 I 2, 3
Hessen (*HVSG*)	§§ 1 I, 3 , 4 Hess-VerfSchKG	HAGArt10G	§ 4 V HessVerfSchKG
Mecklenburg-Vorpommern (*LVerfSchG M-V*)	§§ 27 I, 29	AG G 10 M-V	§ 29 IV 1
Niedersachsen (*NVerfSchG*)	§§ 34, 36	Nds. AG G 10	
Nordrhein-Westfalen (*VSG NRW*)	§§ 23 I, 25	§ 30	§ 23 I 2
Rheinland-Pfalz (*LVerfSchG RhPf*)	§§ 31 I, 33, 34, 35	AGG 10 RhPf	
Saarland (*SVerfSchG*)	§§ 22, 24, 25	G10DG S	
Sachsen (*SächsVfSG*)	§§ 16 I, 17	SächsAG G10	
Sachsen-Anhalt (*VerfSchG-LSA*)	§§ 24, 27, 28	AGG 10-LSA	§ 27 I 4, 5
Schleswig-Holstein (*LVerfSchG S-H*)	§§ 26, 28	§ 26 a	
Thüringen (*ThürVerfSchG*)	§§ 24 I, 27, 28, 29	AGG 10 Thür	§ 34

2. Schlagwortverzeichnis

Angegeben wird jeweils die Randnummer.

3. Literaturverzeichnis

Anmerkung: Alle Online-Quellen zuletzt abgerufen: 30.04.2023.

Aden, Hartmut

a.) und Jan Fährmann, Gutachten und Vorstudie – Polizeirecht vereinheitlichen? Kriterien für Muster-Polizeigesetze aus rechtsstaatlicher und bürgerrechtlicher Perspektive, Heinrich-Böll-Stiftung, E-Paper, Dezember 2018.

b.) und Sven Lüders, Geheimdienste und das Recht - ein unauflösbarer Widerspruch?, in: Vorgänge, 57. Jahrgang, Nr. 224 (Heft 4/2018), S. 131-141.

Albert, Hartmut

Beobachtung der Scientology-Organisation durch die Verfassungsschutzbehörden?, in: DÖV 1997, S. 810-816.

Aust, Helmut

Auslandsaufklärung durch den Bundesnachrichtendienst, in: DÖV 2020, 715-724

Bantlin, Franziska

Die G 10-Kommission, Berlin: Duncker & Humblot, 2021.

Banzhaf, Maximilian

Die Ämter für Verfassungsschutz als Präventionsbehörden – Rechtsfragen zur Stellung der Verfassungsschutzämter in der deutschen Verfassungsschutzarchitektur, Berlin: Duncker & Humblot, 2021.(zitiert: *Banzhaf*, Die Ämter für Verfassungsschutz)

Behrens, Antonia von

Kontrolle als Gestaltung, Der Verfassungsschutz und der NSU-Komplex, in: KJ 2017, S. 38-50.

Bull, Hans-Peter

Sind Nachrichtendienste unkontrollierbar? Zu der Diskussion über die parlamentarische Kontrolle des Einsatzes nachrichtendienstlicher Mittel am Beispiel Sachsen, in: DÖV 2008, S. 751-759.

Denninger, Erhard

Verfassungsschutz, Polizei und die Bekämpfung der Organisierten Kriminalität, in: Kritische Vierteljahresschrift für Gesetzgebung und Rechtswissenschaft (KritV) 1994, S. 232-241.

Dietrich, Jan-Hendrik

a.) Verfassungsschutz in der föderalen Ordnung, in: Engelhart, Marc/Kudlich, Hans/Vogel, Benjamin (Hrsg.), Digitalisierung, Globalisierung und Risikoprävention, Festschrift für Ulrich Sieber zum 70. Geburtstag. 2 Bd., Berlin: Duncker & Humblot, 2021, S. 922-941.

b.) und Sven-Rüdiger Eiffler (Hrsg.) Handbuch des Rechts der Nachrichtendienste, Boorberg, Stuttgart 2017, (zitiert: NDRecht-Hdb *Bearbeiter*).

c.) und Matthias Fahrner, Nikolaos Gazeas, Bernd von Heintschell-Heinegg (Hrsg.), Handbuch Sicherheits- und Staatsschutzrecht, München: C.H. Beck, 2022 (zitiert: *Bearbeiter* in: HdB SicherheitsR).

Droste-Lehnen, Bernadette
a.) und Eckart Werthebach, Organisierte Kriminalität, in: ZRP 1994, S. 57-65.
b.) als Bernadette Droste, Handbuch des Verfassungsschutzrechts, Boorberg Verlag, Stuttgart 2007, (zitiert: *Droste,* HbB-VerfSchR).

Dürig, Günter
und Roman Herzog, Rupert Scholz (Hrsg.), Grundgesetz, 99. Auflage. 2022, Loseblatt, Kommentar (zitiert: *Bearbeiter* in: Dürig/Herzog/Scholz).

Frowein, Jochen Abr.
Deutschlands aktuelle Verfassungslage: Berichte und Diskussionen auf der Sondertagung der Vereinigung der Deutschen Staatsrechtslehrer in Berlin am 27. April 1990, VVDStRl 1990, S. 8-38.

Gazeas, Nikolaos
Übermittlung nachrichtendienstlicher Erkenntnisse an Strafverfolgungsbehörden, Berlin: Duncker und Humblot 2014, (zitiert: *Gazeas,* Übermittlung nachrichtendienstlicher Erkenntnisse).

Gärditz, Klaus Ferdinand
a.) Zentralisierung von Verfassungsschutzaufgaben und Bundesstaatliche Kompetenzarchitektur, in: AöR 2019, S. 81-132.
b.) Verfassungsschutzverfassungsrecht und Datenübermittlung, in: GSZ 2022, S. 161-170.
c.) Konturen eines allgemeinen Nachrichtendienstverfassungsrechts, VerfBlog, 2022/5/02, https://verfassungsblog.de/konturen-eines-allgemeinen-nachrichten dienstverfassungsrechts/, DOI: 10.17176/20220502-182201-0.

Gitter, Rotraud
und Dietmar Marscholleck, Gesetz zur Anpassung des Verfassungsschutzrechts, in: GSZ, 2021, S. 191-197.

Götz, Volkmar
und Max-Emanuel Geis,, Allgemeines Polizei- und Ordnungsrecht: Ein Studienbuch, München: C.H. Beck. 17. Aufl 2022.

Graulich, Kurt
Brauchen wir ein Musterpolizeigesetz?, in: GSZ 2019, S. 9-15.

Gröpl, Christoph
Die Nachrichtendienste im Regelwerk der deutschen Sicherheitsverwaltung - Legitimation, Organisation und Abgrenzungsfragen, Berlin: Duncker und Humblot, 1993. (zitiert: *Gröpl*, Nachrichtendienste)

Grumke, Thomas
und Rudolf van Hüllen, Der Verfassungsschutz: Grundlagen. Gegenwart. Perspektiven?, Leverkusen: Verlag Barbara Budrich, 2016.

Gusy, Christoph
a.) Bundes- und Landeskompetenzen für den administrativen Verfassungsschutz, in: BayVbl.1982, S. 201-206.
b.) Die Zentralstellenkompetenz des Bundes, in: DVBl. 1993, S.1117-1128.
c.) Beobachtung Organisierter Kriminalität durch den Verfassungsschutz? in: StV 1995, S. 320 – 326.
d.) Kontrolle der Nachrichtendienste, in: VerwArch 2015, S. 437-458.
e.) (Hrsg.), Evaluation von Sicherheitsgesetzen, Wiesbaden: Springer 2015.
f.) und Annika Kapitza, in *ders.* (Hrsg.) Evaluation von Sicherheitsgesetzen, Wiesbaden: Springer 2015, Evaluation von Sicherheitsgesetzen, S. 9-36.
g.) Verfassungsschutz – Bundesverfassungsgericht – Grundgesetz. Praxisorientierte Verfassung oder verfassungsorientierte Praxis?, in: RuP 2022, S. 256–269.

Hirsch, Alexander
Die Kontrolle der Nachrichtendienste – Vergleichende Bestandsaufnahme, Praxis und Reform. Berlin: Duncker und Humblot, 1996.

Isenmann, Eberhardt
Die deutsche Stadt im Mittelalter, 1150-1550, Köln u.a.: Böhlau Verlag, 2. Aufl. 2014.

Isensee, Josef und
Paul Kirchhoff(Hrsg.), Handbuch des Staatsrechts, 13 Bd., Heidelberg: C.F. Müller, 3. Aufl. 2003-2011.

Jarass, Hans, D.
und Bodo Pieroth, Grundgesetz für die Bundesrepublik Deutschland: GG München: C.H. Beck, 17. Aufl. 2022. (zitiert: *Jarass/Pieroth*)

Kaufmann, Erich
Die Grenzen der Verfassungsgerichtsbarkeit, VVDStL 1952, S. 1-16

Kahl, Wolfgang
und Christian Waldhoff, Christian Walter (Hrsg.), Bonner Kommentar zum Grundgesetz. Loseblattwerk, 218. Aktualisierung 2022, Heidelberg: C.F. Müller (zitiert: *Bearbeiter* in BK GG)

Kischel, Uwe
Rechtsvergleichung, München: C.H. Beck 2015.

Kugelmann, Dieter
Die Evaluierung von Polizei- und Sicherheitsgesetzen, in: Gusy, Christoph (Hrsg.), Evaluation von Sicherheitsgesetzen, Wiesbaden: Springer 2015, S. 153-169.

Lange, Hans- Jürgen
und Jens Lanfer(Hrsg.), Verfassungsschutz: Reformperspektiven zwischen administrativer Effektivität und demokratischer Transparenz (Studien zur Inneren Sicherheit, Band 21), Wiesbaden: Springer, 2015.

Leggewie, Claus
und Horst Meier, Nach dem Verfassungsschutz – Plädoyer für eine neue Sicherheitsarchitektur der Berliner Republik, München: C.H. Beck, 2019

Lindner, Josef Franz
und Johannes Unterreitmeier, Grundlagen einer Dogmatik des Nachrichtendienstrechts, in: DÖV 2019, S. 165-174.

Löffelmann, Markus
a.) und Mark A. Zöller, Nachrichtendienstrecht, Baden-Baden: Nomos 2022, (Zitiert: *Löffelmann/Zöller*).
b.) Zur teilweisen Verfassungswidrigkeit des Bayerischen Verfassungsschutzgesetzes, BVerfG, Urteil vom 26. April 2022 – 1 BvR 1619/17, JR 2022, 433-441.
c.) Eingriffsintensität und Eingriffsschwelle, in: GSZ 2023, S. 92-96.
d.) Übermittlung von durch die Nachrichtendienste des Bundes erlangten Erkenntnissen an Gefahrenabwehr- und Strafverfolgungsbehörden, BVerfG, Beschl. des Ersten Senats vom 28. September 2022 – 1 BvR 2354/13, in: JR 2023, S. 195-205.

Mangoldt, Hermann von
und Friedrich Klein, Christian Starck (Hrsg.), Kommentar zum Grundgesetz: GG, 3 Bd., München: C.H. Beck, 7. Aufl 2018, (Zitiert: *Bearbeiter* in: Mangoldt/Klein/Starck).

Marscholleck, Dietmar
Das Gesetz zur Verbesserung der Zusammenarbeit im Bereich des Verfassungsschutzes, in: NJW 2015, S. 3611-3616.

Meiertöns, Heiko
Verfassungsschutzbehörden und Grundrechtseingriffe – Das Urteil des Bundesverfassungsgerichts zum bayerischen Landesverfassungsschutzgesetz, in: JBÖS, 2022/2023, S. 533-546.

Michel, Anna
Parlamentarische Kontrolle des Verfassungsschutzes in Bund und Ländern, in: GSZ, 2021, S. 197-203.

Möstl, Markus
Die staatliche Garantie für die öffentliche Sicherheit und Ordnung: Sicherheitsgewährleistung im Verfassungsstaat, im Bundesstaat und in der Europäischen Union, Tübingen: Mohr Siebeck, 2002.

Müller, Michael W.
und Thomas Schwabenbauer, Datenaustausch zwischen Sicherheitsbehörden, in: GSZ 2023, S. 1-8.

Ogorek, Markus
BVerfG, 26.04.2022 - 1 BvR 1619/17: Leitlinien für den Verfassungsschutzverbund, in: NJW 2022, S. 1570-1572.

Peitsch, Dietmar
Die Veröffentlichung personenbezogener Daten in Verfassungsschutzberichten, in: NVwZ 1998, S. 118-122.

Poscher, Ralf
und Karin Kappler, Staatstrojaner für Nachrichtendienste: Zur Einführung der Quellen-Telekommunikationsüberwachung im Artikel 10-Gesetz, VerfBlog, 2021/7/06, https://verfassungsblog.de/staatstrojaner-nachrichtendienste/, DOI: 10.17176/20210706-140100-0.

Schatzschneider, Wolfgang
Die nachrichtendienstliche Generalklausel, Verfassungsrechtliche Anforderungen an eine Informationserhebung im Bereich des Verfassungsschutzes, in: ZRP 1988, S. 20-24.

Schenke, Wolf-Rüdiger
und Kurt Graulich, Josef Ruthig (Hrsg.), Sicherheitsrecht des Bundes – Beck'sche Kurzkommentare, München: C.H. Beck, 2. Aufl. 2019 (zitiert: *Bearbeiter* in: Schenke/Graulich/Ruthig).

Schneider, Franziska
a.) Rechtliche Rahmenbedingungen für die Vornahme von Online-Durchsuchungen, Frankfurt a.M.: Peter Lang, 2012.
b.) Wen genau beobachtet eigentlich der Verfassungsschutz?, in: ZD 2021, S. 360-365.
c.) Eingriffshürden für nachrichtendienstliche Datenerhebungen – Eine Formel auf Grundlage der Rechtsprechung des Bundesverfassungsgerichts, in: NVwZ 2021, S. 1646-1652.

Scott, Len
HUMINT, in: Dover, Robert, u.A. (Hrsg.), Routledge Companion to Intelligence Studies, London und New York: Routledge, 2014, Kap. 6.

Sehl, Markus
Verfassungsschutz neu gemacht in Bayern?, Legal Tribune Online v. 15.09.2022, https://www.lto.de/recht/hintergruende/h/verfassungsschutz-bayern-bverfg-1bvr161 9-17-sicherheit-ueberwachung-reform-bund-laender/

Singer, Jens
Praxiskommentar zum Gesetz über die parlamentarische Kontrolle nachrichtendienstlicher Tätigkeit des Bundes: Kontrollgremiumgesetz – PKGrG, Berlin, Heidelberg: Springer, 2016.

Stern, Klaus
Das Staatsrecht der Bundesrepublik Deutschland, Bd. 1 Grundbegriffe und Grundlagen, München: C.H. Beck, 1984.

Unterreitmeier, Johannes
Informationen der Nachrichtendienste: „... Schweigen ist Gold"? – Zum Stand der Übermittlungsdogmatik in der Rechtsprechung des BVerfG, (Teil 1), in: GSZ 2022, S. 251-257; (Teil 2), in: GSZ 2023, S. 34-40; (Teil 3), in: GSZ 2023, S.81-87.

Weisser, Nicolas-Frederic
Der Richtervorbehalt im Nachrichtendienstrecht, in: DÖV 2014, S. 831-835.

Werdermann, David
und Konrad Meinl, Wie Karlsruhe den Verfassungsschutz zähmen will, in: KJ 2022, S. 508-513.

Werner-Kappler, Katrin
Neue Eingriffsschwellen der Verfassungsschutzbehörden, in: NVwZ-Beilage 2022, S. 63-69.

Wittmoser, Udo
Die Landesämter für Verfassungsschutz – Geschichte, Struktur, Aufgaben, Neuorganisation und Reformbedarf, Föderalismus und Zusammenarbeit im Verfassungsschutz sowie Analyse der Aufgaben und Rechte in Bund und Ländern bei der parlamentarischen Kontrolle der Verfassungsschutzbehörden, Hamburg: Verlag Dr. Kovac, 2012 (zitiert: *Wittmoser,* Die Landesämter für Verfassungsschutz).

Zöller, Mark A.
Die Entscheidung des BVerfG zum Bayerischen Verfassungsschutzgesetz und ihre Auswirkungen auf das Sicherheitsrecht, in: StV 2022, S. 693-700.

Zweigert, Konrad
und Hein *Kötz,* Einführung in die Rechtsvergleichung: Auf dem Gebiete des Privatrechts, Tübingen: Mohr Siebecke, 3. Aufl., 1996.